Peter Schaar

Das Ende der Privatsphäre

Peter Schaar

Das Ende der Privatsphäre

Der Weg in die
Überwachungsgesellschaft

C. Bertelsmann

FSC

Mix
Produktgruppe aus vorbildlich
bewirtschafteten Wäldern und
anderen kontrollierten Herkünften

Zert.-Nr. SGS-COC-1940
www.fsc.org
© 1996 Forest Stewardship Council

Verlagsgruppe Random House FSC-DEU-0100
Das für dieses Buch verwendete FSC-zertifizierte
Papier *Munken Premium* liefert
Arctic Paper Munkedals AB, Schweden.

1. Auflage
© 2007 by C. Bertelsmann Verlag, München,
einem Unternehmen der Verlagsgruppe Random House GmbH
Umschlaggestaltung: R·M·E Roland Eschlbeck/Rosemarie Kreuzer
Satz: Uhl + Massopust, Aalen
Druck und Bindung: GGP Media GmbH, Pößneck
Printed in Germany
ISBN 978-3-570-00993-2

www.cbertelsmann.de

Inhalt

Vorwort

Informationstechnische Systeme haben schleichend Besitz von unserem beruflichen und privaten Alltag ergriffen, und wir sind dabei, uns an immer umfassendere Kontrolle und Überwachung zu gewöhnen. Die Speicherung von Fingerabdrücken jedes Bundesbürgers in Ausweisdokumenten, die Antiterrordatei, eine immer lückenlosere Videoüberwachung, die vorsorgliche Speicherung der Daten jedes Telefonats und jedes Internetzugriffs, heimliche Online-Durchsuchungen privater PCs und die Einführung einer lebenslangen Steueridentifikationsnummer sind aktuelle Stichwörter der sich zuspitzenden Datenschutzdiskussion.

Das vorliegende Buch soll einen Beitrag zu dieser aktuellen Debatte leisten. Es richtet sich nicht nur an diejenigen, die sich ohnehin von Berufs wegen mit Fragen der Informationstechnik auseinandersetzen. Die Zukunft der Privatsphäre betrifft uns nämlich alle. Der Schutz der Privatsphäre ist viel zu wichtig, um ihn nur den »Fachleuten« – professionellen Datenschützern, Informatikern oder Juristen – zu überlassen.

Peter Schaar, 11. August 2007

1 Die verlorene Privatsphäre

Im November 2006 konfrontierte die Vertreterin einer Bürgerrechtsorganisation die Teilnehmer der Internationalen Datenschutzkonferenz in London mit einem drastischen Bild: »Ein Frosch, den man in einen Kessel sprudelnd heißen Wassers wirft, springt reflexartig sofort wieder hinaus. Setzt man den Frosch hingegen in einen Topf mit kaltem Wasser und erwärmt ihn allmählich, so bleibt er drin. Zunächst mag das sich erwärmende Wasser sogar recht angenehm sein. Wenn das Wasser weiter erhitzt wird, sind seine Kräfte erlahmt. Wenn es den Siedepunkt erreicht hat, ist er tot.« Anschließend stellte sie die Frage, ob es uns auf dem Weg in die Überwachungsgesellschaft nicht ähnlich ergeht wie jenem Frosch.

Gefahren drohen der Privatsphäre gleich von mehreren Seiten: Technologische Entwicklungen, wirtschaftliche Interessen, staatliche Kontrollen und auch die zunehmende Bereitschaft vieler Menschen, ihre eigene Privatsphäre nicht mehr ernst zu nehmen, gehen Hand in Hand. Im Folgenden sollen diese Entwicklungen näher betrachtet und Ansätze aufgezeigt werden, wie sich der Weg in eine allgegenwärtige Überwachungsgesellschaft abbremsen und vielleicht sogar umkehren ließe. Nur wenn sich die Gesellschaft und der Einzelne der Gefahren bewusst werden, wird die notwendige Umkehr erfolgen. Andernfalls müssen wir uns auf immer mehr Überwachung, Kontrolle und

Beeinflussung einstellen, und unsere rechtsstaatlichen Errungenschaften gehen Schritt für Schritt verloren.

Elektronische Systeme unterstützen uns bei allen möglichen Tätigkeiten. Sie bewahren uns vor eigenen Fehlern und sollen uns vor Bedrohungen aller Art schützen. Sie kommen auch dort zum Einsatz, wo wir sie nicht vermuteten, etwa beim Einkaufen und beim Autofahren: Wir können unseren »Datenschatten« nicht abschütteln.

Es kommt uns wie eine Geschichte aus grauer Vorzeit vor, als die meisten Computersysteme noch offline in großen Rechenzentren betrieben wurden und Dateneingabe und Auswertungen mit erheblichem Aufwand verbunden waren – Lochkarten mussten gestanzt, transportiert und eingelesen werden, die Ausgabe erfolgte in Form von perforiertem Endlospapier. Vergleicht man die heutige Situation mit dieser »Vorzeit«, die gerade einmal ein Vierteljahrhundert zurückliegt, wird die revolutionäre Veränderung deutlich: Miniaturisierte Computertechnik wird in alle möglichen Gegenstände des Alltags eingebaut. Die meisten Mikroprozessoren werden nicht etwa in Computern verwendet, sondern sie werkeln in Autos, Küchengeräten oder CD-Playern vor sich hin. Was liegt da näher, als diese Geräte miteinander zu vernetzen und so den Verbrauchern einen »Zusatznutzen« zu verschaffen, etwa indem – so ein gerne verwendetes Beispiel – der Kühlschrank online Nachschub bestellt, wenn die Butter zur Neige geht oder das Haltbarkeitsdatum der Milch überschritten wird? Doch dieser Zusatznutzen hat seinen Preis. Wir bezahlen ihn, ohne uns der Konsequenzen bewusst zu sein: Wo auch immer wir gehen und stehen, miteinander kommunizieren oder arbeiten, wird unser Verhalten nachvollziehbar (vgl. 2.3).

Überall wird unser Verhalten beobachtet, registriert und bewertet. Videokameras überwachen immer größere Bereiche des öffentlichen Raums und zeichnen auf, wo wir uns bewegen und mit wem wir Kontakt haben. Eine im Auftrag des britischen Datenschutzbeauftragten gefertigte Studie[1] kommt zu dem Ergebnis, dass in Großbritannien jeder Einzelne täglich von bis zu 300 Videokameras aufgenommen wird, Tendenz weiter steigend (vgl. 2.5).

Auch die Biometrie hat große Fortschritte gemacht. Verfahren zur automatischen Identifizierung von Personen anhand körperlicher Merkmale werden bereits in vielen Bereichen eingesetzt, etwa in den »ePässen«, bei Zugangskontrollsystemen im Betrieb oder beim Bezahlen an der Supermarktkasse (vgl. 2.7).

Wir sind heute per Handy überall erreichbar, und wir können mittels Satellitenortung metergenau feststellen, wo wir uns gerade aufhalten, wo sich unsere Kinder herumtreiben oder wo das Auto abgestellt ist. Auch Dritte können uns orten und die von uns zurückgelegten Wege nachvollziehen. Vielfältige neue Geschäftsmodelle, sogenannte »Location Based Services«, verwenden gerade diese Möglichkeiten, um uns etwa auf die nächste offene Tankstelle, ein italienisches Restaurant oder ein Modegeschäft in der Parallelstraße hinzuweisen (vgl. 2.4).

Die Verbindung verschiedener Überwachungstechnologien erschließt zusätzliche Einsatzfelder. So können digitale Videoaufnahmen mit den in Datenbanken gespeicherten biometrischen Referenzbildern abgeglichen werden, um die aufgenommenen Personen zu identifizieren. RFID-Funkchips (RFID = Radio Frequency Identification; damit werden Gegenstände und Menschen über Funk erfasst), die mit Kassensystemen und Kundenkarten gekoppelt sind, erleichtern die Erzeugung von Kundenprofilen. Auch der Staat sammelt immer mehr Daten. Nachrichtendienstliche oder polizeiliche Ermittlungen können auch völlig Unschuldige betreffen. So muss man befürchten, als »Kontakt- oder Begleitperson« aufzufallen, die dann in einer entsprechenden Datei landet: sei es als Mitbewohner im Studentenwohnheim, in dem auch ein radikaler Islamist vermutet wird, als Arzt, der eine Zielperson medizinisch betreut, oder als Familienangehöriger eines Verdächtigen (vgl. 3.6).

Über die ganze Gesellschaft legt sich nach und nach ein unsichtbares Überwachungsnetz. Seine Existenz wird uns häufig erst dann bewusst, wenn wir selbst von negativen Folgen betroffen sind: Der wegen einer negativen Schufa-Auskunft verweigerte Kredit (vgl. 4.2), das von Unbekannten elektronisch leer geräumte Konto oder auch nur die von digitalem Werbemüll vollgestopfte Mailbox (vgl. 4.1) vermitteln eine Ahnung von den negativen Seiten der elektronischen Erfassungsgesellschaft. Jeder kann völlig zu Unrecht in Verdacht geraten, gegen Gesetze verstoßen zu haben, etwa bei der Inanspruchnahme des Internets. Wir müssen dann beweisen, dass wir keine urheberrechtlich geschützten Werke aus dem Netz geladen haben und dass die Anfrage in einer Suchmaschine oder der Abruf einer Webseite nicht etwa aus Sympathie für extremistische Bestrebungen, sondern aus wissenschaftlichem Interesse erfolgt ist.

Es ist nur noch eine Frage der Zeit, bis unsere elektronischen Persönlichkeitsprofile und digitalen Abbilder ein regelrechtes Eigenleben führen, wie es in elektronischen »Zweitwelten« im Internet à la »Second Life« schon spielerisch erprobt wird. Noch besteht die Chance, dass unsere Gesellschaft diesem digitalen »Frankenstein-Erlebnis« einen Riegel vorschiebt. Es ist höchste Zeit, dass wir aufwachen.

1.1 Privatsphäre und Öffentlichkeit

Die private und die öffentliche Sphäre sind seit Jahrhunderten untrennbar miteinander verbunden: Die Privatsphäre ist Raum des individuellen Rückzugs und zugleich unverzichtbare Voraussetzung einer freien Meinungsbildung. Totalitäre Systeme haben deshalb stets versucht, sowohl die öffentliche als auch die private Sphäre einer vollständigen Kontrolle zu unterwerfen. Ohne einen geschützten Raum, in dem man unbeobachtet und unzensiert über seine Erfahrungen und Einstellungen reflektiert und sich mit anderen austauscht, kann es auch keine freie Öffentlichkeit geben. Freie Rede, freie Information und freie Meinungsäußerung würden ohne ein tief verankertes Recht auf Privatheit verkümmern[2].

Die sich wandelnden Vorstellungen über die Beziehung zwischen öffentlicher und privater Sphäre lassen sich bis in die Antike zurückverfolgen. Bereits in den griechischen Stadtstaaten entwickelten sich zwei voneinander klar geschiedene Seinsordnungen heraus, eine private und eine öffentliche. Die private Ordnung des Hauses (»oikos«) bildete dabei den Gegenpart zur öffentlich-politischen Sphäre des Marktplatzes (»agora«). Bei den Römern setzte sich diese Zweiteilung der Lebenswelten fort, die sich bis in unsere Tage erhalten hat. Aus dem Lateinischen stammt auch der Begriff der Privatheit; ausgehend vom Verb »privare« (berauben), bezeichnete »privatus« den

15

Bürger, soweit er sich nicht politisch betätigte und der öffentlichen Beobachtung entzogen, »beraubt« war. Aus diesem Wortsinn heraus lässt sich herleiten, dass die private und die öffentliche Sphäre zwar zwei getrennte Welten repräsentierten, sich jedoch aufeinander bezogen. Zum Bürger wurde das Individuum erst dann, wenn es sich auch politisch, das heißt öffentlich betätigte. Das deutsche Wort »privat« wird seit dem 16. Jahrhundert verwendet und bezeichnet Sachverhalte bzw. Personen, die für sich stehen, also unabhängig sind.[3]

Die Privatsphäre in ihrer heutigen Bedeutung und ihr Gegenstück, die moderne Öffentlichkeit, sind ein Produkt der bürgerlichen Gesellschaft. In den meisten vorindustriellen Gesellschaften gab es keine Vorstellung von Individualität im heutigen Sinne. Vielmehr dominierten ererbte, rollenbezogene Zuordnungen. Mit dem Übergang zur bürgerlichen Gesellschaft verschwanden natürlich nicht die klassen- bzw. rollenspezifischen Unterschiede, aber ihre Ausdrucksformen änderten sich. Das von der Französischen Revolution 1789 proklamierte Gleichheitsideal war zugleich ein Abschied von der Vorstellung einer gottgegebenen, öffentlich inszenierten »ewigen« Rollenverteilung. Insbesondere beim Bürgertum wuchs der Wunsch, die individuellen Verhältnisse und Vorlieben der öffentlichen Wahrnehmung zu entziehen, vor allem um geschäftliche Entscheidungen ungestört von Einblicken Dritter vorzubereiten. Darin zeigt sich eine wesentliche Funktion von Privatheit: In einer von individuellen Entscheidungen geprägten Gesellschaft muss die Privatsphäre gegen Einblicke Dritter geschützt werden, damit das individuelle öffentliche Handeln überhaupt möglich ist.[4]

Der Presse kam bei der Herausbildung der modernen Öffentlichkeit entscheidende Bedeutung zu. Informationen wurden durch Zeitungen wesentlich schneller, weiter und weniger kontrollierbar verbreitet als durch mündliche Überlieferung oder über direkte Briefkontakte. Damit vergrößerte sich auch die Reichweite von Öffentlichkeit. Die Öffentlichkeit wurde sowohl sozial als auch geografisch entgrenzt, denn die Informationen standen einem immer breiteren Publikum zur Verfügung – über die lokalen oder regionalen Grenzen hinaus. Damit konnte der Einzelne die Verbreitung der auf ihn bezogenen Informationen nicht mehr kontrollieren.

Das autonome Individuum, das Ideal der bürgerlichen Gesellschaft, brauchte gerade angesichts der verbesserten Kommunikationsmittel einen privaten Raum, in dem es sich frei von Beobachtung bewegen und informieren, kommunizieren und Entscheidungen treffen konnte, ohne gegenüber der Öffentlichkeit rechenschaftspflichtig zu sein. Je »öffentlicher« die Öffentlichkeit wurde, je größer also der Radius der veröffentlichten Informationen wurde, desto dringender wurde der Schutz der Privatheit.

Seit Mitte des 20. Jahrhunderts haben die Veränderungen der Massenmedien das Verhältnis von privater und öffentlicher Sphäre in dramatischer Weise verschoben und die Grenze zwischen öffentlichem und privatem Verhalten immer undeutlicher werden lassen. Indem die Medien vorzugsweise über persönliche Angelegenheiten berichten, bewirken sie einen Verlust von Privatheit. Dies betrifft vor allem diejenigen, die ohnehin ein hohes Maß an öffentlicher Aufmerksamkeit genießen, also Prominente aus Politik, Showbusiness und Sport. Viele Vertreter aus diesen Bereichen nutzen die neuen Möglichkeiten sogar für eigene Zwecke aus, etwa durch »Homestories« oder bei der öffentlichen Inszenierung privater Ereignisse wie Hochzeit, Schwangerschaft, Krankheit, Scheidung und Tod. Aber auch Nichtprominenten wird eine Bühne geboten, sei es in Talkshows, bei denen der Peinlichkeitsgrad der Teilnehmer das entscheidende Auswahlkriterium zu sein scheint, sei es im »Reality TV«, das sich bezeichnenderweise selbst mit dem Begriff »Big Brother« schmückt.

Die neuen Formen öffentlicher Darstellung lassen nicht nur die Privatsphäre der davon Betroffenen verschwinden. Vielmehr wird auch durch die gängige Berichterstattung über Privatangelegenheiten die durch die Medien stark geprägte Öffentlichkeit banalisiert und entpolitisiert. So gerät das private Verhalten von Politikern immer öfter ins Blickfeld der Öffentlichkeit und wird bisweilen detaillierter beobachtet und ausgebreitet als ihr öffentliches Handeln als Abgeordnete oder Minister. In den USA wurde eine von Präsident Clinton nominierte Generalstaatsanwältin deshalb nicht vom Kongress bestätigt, weil sie einige Jahre vorher eine illegale Einwanderin als Kindermädchen beschäftigt hatte. Derselbe US-Präsident entging nur knapp der Amtsenthebung aufgrund eines Techtelmechtels mit einer Praktikantin. In Schweden musste eine Ministerin zurücktreten, weil sie die Rundfunkgebühren nicht bezahlt hatte. In die gleiche Richtung weist, dass in Deutschland in manchen Medien über die Frisur der Bundeskanzlerin ausführlicher berichtet wird als über ihre Politik.

Ganz allgemein lässt sich feststellen, dass Privatangelegenheiten heute weitaus freizügiger öffentlich gemacht werden – bis hin zu intimen Details, deren Erörterung in früheren Zeiten selbst im privaten Kreis weitgehend tabu war. Auch bei der Benutzung von Mobiltelefonen, Laptops und ähnlichen technischen Gerätschaften im öffentlichen Raum werden Privatangelegenheiten bedenkenlos offenbart. Private Homepages, Chatrooms, digitale Fotoalben und andere Internetangebote sind gerade deshalb erfolgreich, weil die Betroffenen möglichst freigebig über ihr Privatleben berichten und damit ohne jeden Zwang ihre Persönlichkeitsprofile einer weltweiten Öffentlichkeit gegenüber offenbaren.

Wir müssen – als Einzelne und als Gesellschaft – lernen, mit den neuen digitalen Dimensionen unseres Lebens umzugehen. Dazu gehört in erster Linie ein waches Bewusstsein dafür, was mit den preisgegebenen Informationen geschehen kann. Notwendig ist aber auch ein angemessener Schutz gegen Registrierung, Verfälschung und Manipulation. Dies ist eine wichtige, aber leider völlig vernachlässigte Aufgabe des Staates in der Informationsgesellschaft. Die Politik hat auf diesem Feld bisher sträflich versagt: Während staatliche Stellen – von der Polizei bis zur Finanzverwaltung – immer mehr über uns wissen wollen, bleiben die Bürger ohne angemessenen Schutz gegen Ausspionieren, Missbrauch, Manipulation und Verfälschung ihrer Daten.

1.2 Erste Leitplanken auf dem Weg in die Informationsgesellschaft

1890 veröffentlichten die amerikanischen Anwälte Samuel Warren und Louis D. Brandeis den bahnbrechenden Aufsatz »The Right to Privacy«.[5] Darin leiteten sie aus den Rechtsgrundsätzen des Schutzes der Person und des Eigentums ein »Right to be left alone« ab, also das Recht eines jeden Menschen, von anderen in Ruhe gelassen zu werden. Bereits aus diesem Prinzip ergibt sich, dass der Bürger selbst über die Preisgabe der ihn betreffenden Informationen entscheiden soll. Das »Recht auf informationelle Selbstbestimmung«, dem das deutsche Bundesverfassungsgericht in seinem Volkszählungsurteil (vgl. 3.1) fast hundert Jahre später zum Durchbruch verhalf, hat hier seine Wurzeln.

Die Anfang der Sechzigerjahre von der Kennedy-Administration geplante Einrichtung einer nationalen Datenbank mit einer Vielzahl von Informationen über jeden US-Bürger führte zu einer ersten breiten Debatte über die Auswirkungen des Einsatzes von Computern auf die Privatsphäre. Dabei wurden die von der staatlichen Überwachung ausgehenden Gefahren ebenso kritisch bewertet wie die Risiken einer missbräuchlichen Datenverarbeitung durch Unternehmen. Der US-Kongress klammerte in dem 1974 verabschiedeten »Privacy Act« jedoch die Wirtschaft aus, weil er nicht in den Wettbewerb eingreifen wollte. In der Folge zeigten sich die Schwächen dieses beschränkten Ansatzes: Wenn Unternehmen sich ungestraft durch einen besonders aggressiven oder ausufernden Umgang mit personenbezogenen Daten einen wirtschaftlichen Vorteil verschaffen können, führt die Marktlogik nicht automatisch zu einem besseren Datenschutz. Dies bedeutet im Umkehrschluss jedoch nicht, dass jeder Versuch, einen effektiven Datenschutz auch über den Markt durchzusetzen, von vornherein zum Scheitern verurteilt ist. Allerdings müssen dafür Rahmenbedingungen gesetzt werden, die einen verantwortungsbewussten Umgang mit personenbezogenen Daten wirtschaftlich belohnen (vgl. 5.2). Problematisch war auch die Entscheidung des US-Senats gegen eine unabhängige Datenschutzkontrolle.

Die Auseinandersetzung mit den Schwächen des US-Ansatzes trug dazu bei, dass Europa auch die von der US-Gesetzgebung ausgeklammerten Bereiche berücksichtigte. Bereits die Europaratskonvention von 1981[6] bezieht den nicht öffentlichen Sektor mit ein. Die Europäische Datenschutzrichtlinie von 1995[7] und die Datenschutzgesetze der EU-Mitgliedsstaaten machten eine unabhängige Datenschutzkontrolle für öffentliche Institutionen und für private Organisationen und Unternehmen verbindlich.

Der Begriff »Datenschutz« wurde erstmalig 1972 durch das hessische Datenschutzgesetz, das weltweit erste Datenschutzgesetz überhaupt, in das deutsche Rechtssystem eingeführt und 1977 in das Bundesdatenschutzgesetz übernommen. Der Begriff und seine direkten Übersetzungen (»data protection«, »protection des données« usw.) sind missverständlich, denn vielfach kommt es zur Verwechslung mit dem Begriff der Datensicherheit. Während es bei Letzterer darum geht, unzulässige Zugriffe auf Daten und ihre Verfälschung technisch zu unterbinden, soll der Datenschutz jedoch die Würde, Privatsphäre und Handlungsfreiheit der Individuen gewährleisten – ein wesentlich umfassenderer Anspruch.

Die noch heute gültigen Regelungsansätze mögen in den Achtzigerjahren angemessen gewesen sein; für die heutige Welt der allgegenwärtigen Datenverarbeitung (vgl. 2.3) reichen sie nicht mehr aus. Außerdem musste der Datenschutz seither vielfältige Rückschläge einstecken, vor allem im Hinblick auf immer weiter gehende Eingriffe in die Privatsphäre, die mit der Kriminalitätsbekämpfung begründet wurden (vgl. Kapitel 3).

1.3 Nichts zu verbergen?

Immer wieder wird mit dem populären Argument gegen den Datenschutz polemisiert, wer nichts zu verbergen habe, der brauche auch keinen Datenschutz. Immer wieder kann man allerdings feststellen, dass diejenigen, die gegen den Datenschutz anreden, ganz anderer Meinung sind, wenn es um sie selbst, wenn es um die eigenen Daten geht. Bereits der erste Bundesdatenschutzbeauftragte Hans Peter Bull hatte sich mit diesem Argument auseinanderzusetzen:

> »Wie dem auch sei – die Behauptung, man habe vor den Behörden oder den Mitmenschen nichts zu verheimlichen, widerspricht allen Erfahrungen des Alltagslebens. Da will doch jeder nur das über sich, seine Familie, seinen Beruf und seine Geschäfte verbreiten, was ihm vorteilhaft erscheint, und selbst derjenige, der sich gern selbst ironisiert oder aus öffentlicher Selbstkritik Befriedigung gewinnt, vermeidet es im Allgemeinen, sich ernsten Gefahren auszusetzen. Wer wird schon ohne Not bekennen, gegen ein Strafgesetz verstoßen zu haben? Wer wird durch unnötiges Offenbaren wirtschaftlicher Bedrängnis seinen Kredit gefährden? Und höchstens ein törichter Angeber wird durch unbedachtes Reden den Eindruck erwecken, nachrichtendienstliche Beziehungen zu unterhalten, sodass die Aufmerksamkeit der Sicherheitsbehörden auf ihn fällt.«[8]

Gegen dieses Argument sprechen auch die jährlich Tausende von Beschwerden von Bürgern bei den Datenschutzbehörden über den fehlerhaften bzw. missbräuchlichen Umgang mit persönlichen Daten. Vielfach geht es dabei um sensible medizinische Angaben oder um Daten, die unter dem besonderen Schutz des Sozialgeheimnisses stehen. Dies widerlegt ganz praktisch die These, man habe nichts zu befürchten, weil man ja nichts zu verbergen habe.

Die Formel »Datenschutz ist Täterschutz« ist neben dem Spruch »Ich habe nichts zu verbergen« das am häufigsten gegen den Datenschutz vorgebrachte Argument. Wer es nutzt, hat gute Chancen, die Lufthoheit an den Stammtischen zu erobern. Ob beim Kampf gegen Organisierte Kriminalität, Terrorismus, Sexualverbrechen, Sozialleistungsbetrug: Der Datenschutz wird häufig dafür verantwortlich gemacht, dass eine Straftat stattfindet oder nicht aufgeklärt werden kann. Bei näherem Hinschauen erweist sich jedoch fast immer, dass andere Gründe ausschlaggebend waren.

Als nach dem 11. September 2001 der damalige Innenminister Otto Schily die Meinung äußerte, überzogener Datenschutz habe zu den Attentaten beigetragen (vgl. 3.5), stieß dies auf Widerspruch, etwa bei Spiros Simitis, dem einstigen hessischen Landesbeauftragten für Datenschutz und Mentor des Datenschutzrechts:

»Erst hieß es, Datenschutz sei Täterschutz, jetzt sagt man, Datenschutz sei Terroristenschutz. Dies ist nicht nur falsch und Unsinn, sondern untergräbt eine der wichtigsten Voraussetzungen unserer demokratischen Verfassung. ... Ich kenne nur Fälle, in denen der angeblich bei uns so übertriebene Datenschutz als Vorwand herhalten musste: Entweder weil die Ämter keine Lust hatten, rechtzeitig nach bestimmten Daten zu suchen. Oder weil sie unfähig, unorganisiert oder unzureichend ausgestattet waren, um auf Daten zugreifen zu können. Unsere Polizeigesetze und andere Vorschriften erlauben diesen Zugriff auf persönliche Daten seit Jahren, sie sind gerade deswegen weit formuliert. Ich frage mich jetzt: Warum machen die Behörden von ihren Möglichkeiten so wenig Gebrauch?«[9]

Diese und andere gute Argumente verhindern nicht, dass immer wieder die Legende »Datenschutz = Täterschutz« aufgewärmt wird, etwa beim Fall »Stephanie«, der sich Anfang 2006 in Sachsen ereignete. Wochenlang hielt dabei ein Mann in Dresden die 13-Jährige in seiner Wohnung fest, quälte und missbrauchte sie. Der inzwischen überführte Täter war bereits früher wegen einer Sexualstraftat verurteilt worden. Gleichwohl war er von der Polizei nicht gefunden worden, was zu berechtigten Fragen nach der Ursache hierfür führte. Schnell war der Schuldige ausgemacht: Polizeivertreter führten das Versagen auf den Datenschutz zurück, der einen zügigen Austausch der Melderegisterdaten des inzwischen umgezogenen Täters verhindert habe. Der Landesdatenschutzbeauftragte Andreas Schurig konnte diesen Vorwurf indes schnell entkräften. Er wies darauf hin, dass die Polizei in Sachsen zu Ermittlungszwecken jederzeit auf die Melderegisterdaten der Gemeinden zugreifen kann. In Dresden konnte sie dies sogar online, also nach eigenem Ermessen ohne ein Mitspracherecht des Einwohnermeldeamtes. Schließlich gab auch der Landespolizeipräsident das Ergebnis der internen Untersuchung bekannt, die den Datenschutzbeauftragten bestätigte: Die Abfrage im Polizeicomputer unter dem Suchbegriff »Sexualstraftaten« habe Fälle aus den Jahren vor 2002 nicht erfasst. Es war also eine Panne, durch die die Ermittlungen erschwert und verzögert wurden, und keinesfalls »überzogener Datenschutz«.

Die Konsequenzen einer solch verkürzten Sichtweise sind in den USA zu besichtigen, wo die Namen und Anschriften von Sexualstraftätern ins Internet gestellt werden. Nichts deutet darauf hin, dass die Internetveröffentlichung Straftaten verhindert hat. Andererseits sind mehrere an den »Internet-Pranger« gestellte Männer Mordanschlägen zum Opfer gefallen. Auch in Deutschland meinen manche Politiker, ihr Profil durch solche Forderungen schärfen zu können, die unseren verfassungsrechtlichen Grundsätzen widersprechen. Sie ignorieren dabei auch die Konsequenzen, die sich aus der öffentlichen Bloßstellung ergeben. Derartige Methoden widersprechen nicht nur einer freiheitlichen Gesellschafts- und Rechtsordnung, sie würden unser Leben auch unsicherer machen. Wenn den Tätern die Möglichkeit der Resozialisierung genommen wird, könnten sich die von ihnen ausgehenden Gefahren vergrößern. Wir sollten uns deshalb nicht auf diesen Holzweg zurück ins Mittelalter begeben.

Die Vorstellung hält sich hartnäckig, der Datenschutz behindere die Kriminalitätsbekämpfung und trage so zu gestiegener Gefährdung bei. Umfragen zeigen zum Beispiel, dass die Meinung vorherrscht, Sexualmorde an Kindern hätten in den letzten zehn Jahren deutlich zugenommen. Ein Blick in die Kriminalstatistik widerlegt diese Einschätzung. Tatsächlich haben Sexualmorde an Kindern nämlich abgenommen, wie sich etwa in den von der Bundesregierung vorgelegten »Periodischen Sicherheitsberichten«[10] nachlesen lässt. Zudem war die Kriminalität auch in den meisten anderen Deliktsbereichen in den letzten Jahren rückläufig, während die Aufklärungsquote gestiegen ist.

Im Herbst 2006 veröffentlichte die Bürgerrechtsorganisation Privacy International[11] eine internationale Hitliste hinsichtlich des Datenschutzes. Deutschland nimmt dabei noch den Spitzenplatz ein, gefolgt von Kanada. Schlecht schneiden hingegen die USA, Großbritannien und Russland ab. Sollte die These stimmen, dass der Datenschutz die Kriminalitätsbekämpfung behindert, müsste das Ranking eigentlich umgekehrt sein. Wenn man denn schon einen Zusammenhang zwischen Datenschutz und Kriminalität feststellen will, dann spricht vieles dafür, dass in Staaten, in denen der Datenschutz hochgehalten wird, wie etwa in Deutschland oder in Kanada, die Kriminalität deutlich geringer ist als in solchen, in denen gesetzliche Datenschutzvorschriften lockerer sind oder gar nicht existieren.

Diese These wird auch durch eine Anfang 2007 veröffentlichte Studie bestätigt, die das Gallup-Institut in Zusammenarbeit mit dem Freiburger Max-Planck-Institut für ausländisches und internationales Strafrecht im Auftrag der Europäischen Union durchgeführt hat. In diesem »European Crime and Safety Survey«[12] kommen die Wissenschaftler zu dem Ergebnis, dass die Kriminalität in Großbritannien und Nordirland im europäischen Vergleich am höchsten ist. »Englands Hauptstadt« – so interpretierte die *Neue Zürcher Zeitung* die Forschungsergebnisse – »ist mit der höchsten Kriminalitätsrate die

gefährlichste Stadt Europas.«[13] Wenn man bedenkt, dass
London die wohl am lückenlosesten videoüberwachte
europäische Großstadt ist (vgl. 2.5), muss der Erfolg derartiger Maßnahmen – entgegen regierungsamtlichen Ver-
lautbarungen – doch etwas bezweifelt werden.

1.4 Schatten der Vergangenheit

Das gute Abschneiden Deutschlands in der erwähnten
internationalen Vergleichsstudie von Privacy International[14] ist vielleicht auch darauf zurückzuführen, dass
hierzulande die Erinnerung an gleich zwei totalitäre Über-
wachungsstaaten – an das Nazi-Regime und an die DDR –
noch lebendig ist. Die brutalen Erfahrungen mit dem na-
tionalsozialistischen Unterdrückungsapparat führten zu
der Erkenntnis, dass eine mächtige Geheimpolizei (Gestapo) unter allen Umständen vermieden werden muss.
Sowohl die föderalen Strukturen der Polizei als auch die
Trennung von Nachrichtendiensten und Polizeibehörden
sind als Lehren der Vergangenheit in unser verfassungs-
rechtliches System eingegangen (vgl. 3.6).

Auch der zweite deutsche Überwachungsstaat, die DDR,
hat bei den Menschen tiefe Wunden geschlagen. Jegliche
Vorstellung von Datenschutz war den DDR-Eliten fremd,
vielleicht weil ein solcher als Ergebnis des überwun-
den geglaubten kapitalistischen Individualismus gar nicht
mehr nötig sei. Der Staatssicherheitsdienst (Stasi) führte
umfangreiche Akten über politische und persönliche Verhältnisse vieler Menschen. Die umfassende Bespitzelung
und Informationssammlung sollte jede Einflussnahme
des »Klassenfeindes« unterbinden. Wanzen, Richtmikro-

fone und inoffizielle Stasi-Mitarbeiter überwachten auch den privaten Bereich. Niemand war davor sicher, dass im Schlafzimmer oder in der Toilette heimlich angebrachte Mikrofone intimste Einzelheiten registrierten.

Die so gesammelten Unterlagen waren so umfangreich wie brisant. Die Stasi hat in den fast vierzig Jahren ihres Bestehens rund sechs Millionen personenbezogene Akten zusammengetragen. Als sich das Ende der DDR abzeichnete, bemühten sich die Verantwortlichen um eine möglichst zügige und gründliche Tilgung der Spuren. Sie waren dabei zum Glück nur teilweise erfolgreich, auch wenn sie sich bei ihrem Anliegen die Unerfahrenheit mancher Oppositioneller zunutze machen konnten. So stimmte der »Zentrale Runde Tisch«, an dem auch Bürgerrechtler beteiligt waren, im Februar 1990 zunächst einer groß angelegten Löschungsaktion zu. Während die beteiligten Stasi-Mitarbeiter und die Repräsentanten der bisherigen DDR-Führung belastendes Material aus der Welt schaffen wollten, dachten die Oppositionellen an die Tilgung der gegen alle Grundsätze des Menschenrechts erhobenen Daten. Zur Begründung der Vernichtung der Stasi-Akten wurde auch die Angst vor »Selbstjustiz« als Folge einer Öffnung der Akten beschworen.

Auch im Westen war man sich der Konsequenzen der beschlossenen Datenlöschung zunächst nicht bewusst. Bei den Datenschutzbeauftragten stieß die Idee, die zu Unrecht gespeicherten Stasi-Daten restlos zu vernichten, zunächst auf Sympathie. Erst allmählich kristallisierte sich heraus, dass damit der Aufarbeitung der DDR-Vergangenheit ein Bärendienst erwiesen wurde. Es wurde nämlich übersehen, dass mit der Datenlöschung zwar die zu Unrecht gesammelten Informationen verschwinden, dass den Opfern und der Öffentlichkeit damit jedoch die Aufklärung von Schuld und Verantwortung erschwert würde. Selbst eine vollständige Vernichtung der Stasi-Akten hätte schließlich nicht das Herrschaftswissen ehemaliger Stasi-Funktionsträger beseitigt, das sie – ohne Widerlegung befürchten zu müssen – bei Gelegenheit an die Öffentlichkeit hätten lancieren können. Wie negativ es sich auswirkt, wenn die Frage des Umgangs mit Geheimdienstakten weiter ungelöst bleibt, ist derzeit in mehreren osteuropäischen Staaten zu beobachten.

Auch wenn der Löschungsbeschluss im Wesentlichen nur hinsichtlich des elektronischen »zentralen Datenspeichers« umgesetzt wurde, war dies eine schwere Hypothek für die Aufarbeitung der Stasi-Vergangenheit, da die notwendigen Informationen bisweilen mühselig aus verschiedenen verbliebenen Quellen rekonstruiert bzw. erschlossen werden mussten, darunter hunderte Säcke Papierschnipsel mit brisanten Informationen über die Auslandsaktivitäten der Stasi – Aktenüberreste, die wohl nur durch Zufall einer Verbrennung entgingen.

Nach der deutschen Vereinigung wurde die Debatte über den Umgang mit den Stasi-Daten fortgesetzt. 1991 beschloss der Deutsche Bundestag das »Gesetz über die Unterlagen des Staatssicherheitsdienstes der ehemaligen Deutschen Demokratischen Republik«, das Stasi-Unterlagen-Gesetz (StUG). Der bzw. die Bundesbeauftragte für die Unterlagen des Staatssicherheitsdienstes (BStU) bekam die Aufgabe, die Stasi-Unterlagen zu verwalten. In den Medien wurde diese Behörde nach ihren jeweiligen Leitern Joachim Gauck und Marianne Birthler zunächst »Gauck-Behörde« und dann »Birthler-Behörde« genannt.

Das Gesetz unterscheidet zwischen Tätern, Opfern und

sonstigen Betroffenen. Vor allem die zielgerichtet ausgespähten Opfer erhielten das Recht auf Einsichtnahme in die über sie gesammelten Unterlagen. Für die ehemaligen Stasi-Mitarbeiter und von der Stasi Begünstigte gibt es nur ein eingeschränktes Auskunftsrecht. Ihnen ist insbesondere jeglicher Zugang zu personenbezogenen Daten Dritter verwehrt, auch wenn sich diese in ihren Personalakten befinden.

Besonders brisant war und ist die Überprüfung von Mitarbeitern des öffentlichen Dienstes und Bewerbern für diesen, Abgeordneten und anderen Personengruppen auf Stasi-Kontakte. Interessenverbände ehemaliger Stasi-Mitarbeiter sowie Politiker der PDS (heute: »Die Linke«) sprachen in diesem Zusammenhang sogar von »Siegerjustiz«, insbesondere wenn aufgrund von Stasi-Akten Personen aus dem öffentlichen Dienst entlassen wurden.

Bereits in den Neunzigerjahren forderten Politiker aus Ost und West einen »Schlussstrich« unter die individuelle Stasi-Aufarbeitung, etwa der ehemalige Regierende Bürgermeister von Berlin, Eberhard Diepgen (CDU), und der SPD-Politiker Egon Bahr. Noch Ende 2006 wurde über die Frage gestritten, ob Bewerber für den öffentlichen Dienst weiterhin per Regelanfrage überprüft werden dürften. Schließlich einigten sich die Bundestagsparteien – mit Ausnahme der PDS – auf den Kompromiss, dass auch in Zukunft die Überprüfung möglich sein soll, jedoch beschränkt auf herausgehobene Positionen und nicht als Standardmaßnahme für alle Beschäftigten im öffentlichen Dienst.

Die Lehren aus der DDR-Vergangenheit beeinflussten auch die Verfassungsdebatte unmittelbar vor und nach der Vereinigung am 3. Oktober 1990. Der vom »Zentralen Runden Tisch« erarbeitete – jedoch nicht mehr von der Volkskammer beschlossene – Verfassungsentwurf für die DDR enthielt ein Grundrecht auf Datenschutz. Alle neuen Bundesländer haben den Datenschutz in ihre Landesverfassungen aufgenommen. Die Berücksichtigung des Datenschutzes im Grundgesetz war später auch Gegenstand der Beratungen der Gemeinsamen Verfassungskommission des Bundes und der Länder. Entsprechende Vorschläge von SPD und Bündnis 90/Die Grünen fanden jedoch nicht die erforderliche Zweidrittelmehrheit. Immerhin stimmten alle Teilnehmer darin überein, dass der Datenschutz als »Recht der informationellen Selbstbestimmung« nach der Rechtsprechung des Bundesverfassungsgerichts seit seiner Volkszählungsentscheidung von 1983 auch ohne ausdrückliche Nennung im Grundgesetz als Grundrecht anzusehen ist (vgl. 3.1).

Wie wichtig es gewesen wäre, das Grundrecht auf Datenschutz ausdrücklich im Grundgesetz zu verankern, zeigt sich in unseren Tagen. Immer wieder hört man von Vertretern der Sicherheitsbehörden, die datenschutzfreundlichen Entscheidungen des Bundesverfassungsgerichts würden »überschätzt«. Die Bundesregierung und der Gesetzgeber müssten dem Gericht die »Chance geben, seine Position zu korrigieren«. Leider ist es angesichts der politischen Mehrheitsverhältnisse unwahrscheinlich, dass in absehbarer Zeit doch noch ein Datenschutzartikel in das Grundgesetz eingefügt wird.

2 Technologie und Datenschutz

2.1 Ein Blick zurück

In den vorindustrialisierten Gesellschaften beschränkte sich die Dokumentation persönlicher Verhältnisse auf einen kleinen Ausschnitt des Lebens, und sie betraf nur die herrschenden Eliten. Der Alltag des einfachen Volkes wurde weder schriftlich dokumentiert noch zahlenmäßig erfasst. Es fehlte ganz einfach an der Notwendigkeit, alle möglichen Daten des Alltags zu erfassen, denn die meisten Beziehungen spielten sich im persönlichen Nahbereich ab. Man kannte einander und konnte sich aufeinander verlassen – oder auch nicht. Geschäfte wurden per Handschlag besiegelt und persönlich bezeugt.

Allerdings gab es auch in vorindustriellen Gesellschaften bisweilen Gründe, personenbezogene Daten zu dokumentieren. So wurde in italienischen Stadtrepubliken seit dem Spätmittelalter penibel darüber Buch geführt, wer sich wann und zu welchem Zweck in ihren Grenzen aufhielt. Verbannte wurden genauso namentlich verzeichnet wie Verurteilte. Empfehlungsschreiben, persönliche Genehmigungen und individuelle Passierscheine sollten dazu beitragen, Reisende, Bettler und Soldaten zu identifizieren. Schließlich führte die heilige Inquisition umfangreiche Listen von Ketzern und von solchen Personen, die der Ketzerei verdächtig waren, um bei »Wiederholungstätern«

rasch auf die Höchststrafe des Verbrennens bei lebendigem Leibe zu erkennen.[15]

Als an die Stelle von stabilen personalen Beziehungen mit genau definierten – teilweise ererbten – Rollen zunehmend flüchtige Kontakte traten, etwa der Kauf auf einem anonymen Markt, hatte dies auch Auswirkungen auf den Umgang mit Informationen. Indem die Beziehungen vielfältiger und unübersichtlicher wurden, schwand auch die Vertrauensbasis: Es war nicht mehr klar, wem man trauen konnte und wem nicht. Die mannigfaltige Erhebung von Daten war insofern auch eine Folge der abnehmenden Bedeutung personaler Bindungen und stellte eine logische Reaktion auf den hiermit verbundenen Vertrauensverlust dar. Diesen Prozess kann man allerdings auch positiv interpretieren: Die Erhebung von Daten gestattete es, trotz zunehmender Anonymität und persönlicher Fremdheit zu planen und zu handeln. Die Erhebung, Dokumentation und Nutzung von Informationen bildeten damit eine Voraussetzung für die Herausbildung moderner Gesellschaften.

Die industrielle Produktionsweise machte es erforderlich, verstärkt Alltagsdinge aufzuzeichnen, als Erinnerungshilfe, als Beweismittel oder als Hilfsmittel bei der Planung. Arbeitsteilung, Warenaustausch und Maschinerien mussten geplant, gesteuert und bewirtschaftet werden. Ohne Dokumentation und Buchführung wäre all dies nicht möglich gewesen. Dagegen war bei der vorindustriellen landwirtschaftlichen und handwerklichen Produktion das notwendige Wissen von Generation zu Generation vorwiegend mündlich und anhand praktischer Demonstration weitergegeben und nur langsam weiterentwickelt worden. Für die industrielle Produktionsweise, die sich ab Ende des 18. Jahrhunderts in Europa durchsetzte, reichte diese traditionelle, im Wesentlichen personale Speicherung und Weitergabe von Informationen nicht mehr aus. Allerdings brauchte es fast hundert Jahre, bis die Idee der maschinellen Verarbeitung auf den Umgang mit Daten übertragen wurde. Die moderne Massendatenverarbeitung hatte ihren ersten Durchbruch allerdings im staatlichen Bereich, bei der Volkszählung in den USA 1890/91, die erstmals in größerem Umfang unter Einsatz von Lochkarten abgewickelt wurde. Die Lochkarten ermöglichten es, die Selektions- und Sortierprozesse erheblich zu beschleunigen. In der Folge wurde die – stetig verbesserte – Lochkarten- bzw. Lochstreifentechnik (die ursprünglich zur Steuerung von Webmaschinen entwickelt worden war) zunehmend in vielen Bereichen der öffentlichen Verwaltung und auch in manchen Großunternehmen zur Verarbeitung von Daten eingesetzt.

Das Unternehmen IBM entwickelte die Lochkartentechnik technisch weiter. Allerdings war das Unternehmen im Hinblick auf die Abnehmer ihrer Maschinen wenig zimperlich. So erkannte das NS-Regime, welche Möglichkeiten die automatisierte Verarbeitung von Massendaten eröffnet, sei es bei der »rassischen« Erfassung der Bevölkerung in Deutschland und in den besetzten Ländern, sei es bei der Vorbereitung und Abwicklung der Judenvernichtung und des Euthanasieprogramms oder bei der Bewältigung der logistischen Herausforderungen des Angriffskrieges. Die zügige Auswertung der deutschen Volkszählung von 1938/39, bei der – natürlich »streng vertraulich« – auch die »rassische« Abstammung erhoben wurde, war nur durch breiten Einsatz dieser Technik möglich. Auf der IBM-Website findet sich unter dem Stichwort »IBM-Geschichte« dazu die nichtssagende Eintragung:

»Die Datenverarbeitung erlebt mit der ›Großdeutschen Volkszählung‹ – als Lohnauftrag – ihren ersten spektakulären Höhepunkt. Über 90 Millionen Lochkarten kommen zum Einsatz.«[16]

Was mit den Daten und später mit den Personen geschah, auf die sie sich bezogen, wird hier leider nicht mitgeteilt. Der Einsatz des modernen Computers, dessen Siegeszug durch militärische Verwendungsmöglichkeiten und die darauf abzielenden Förderprojekte drastisch beschleunigt wurde, verbreitete sich schnell auf alle möglichen anderen Anwendungsgebiete. Interaktivität – also die unmittelbare, schnelle Kommunikation zwischen Mensch und Computer, bei der der Mensch unterschiedliche Möglichkeiten der Steuerung des Geschehens hat – war für die Computerpioniere noch ein Fremdwort. Die sogenannte »Stapelverarbeitung« dominierte zunächst den Einsatz der Computertechnik. Dabei wurden sowohl die Programme als auch die Daten nach und nach eingelesen, dann elektronisch bearbeitet und schließlich wieder als Lochkarte oder Papierausdruck ausgegeben. Computer wurden im Wesentlichen dort eingesetzt, wo entweder große Datenmengen zu bewältigen waren, etwa in der Buchhaltung oder bei statistischen Großerhebungen. Ein weiterer Einsatzbereich waren komplizierte oder aufwendige Berechnungen, etwa in der Meteorologie und bei der vorwiegend militärisch genutzten Datenverschlüsselung (Kryptologie). Der Computer wurde von der Öffentlichkeit zunächst als riesige Maschine wahrgenommen, deren Funktionsweise zwar kaum jemand wirklich verstand (insoweit hat sich bis heute wenig geändert!), mit der aber ungeheure Datenmengen bewegt wurden. Dass diese Technik nicht nur zum Wohle der Gesellschaft eingesetzt werden konnte und dass sich die unheimlichen Maschinen dazu eignen könnten, eine umfassende Überwachung im Sinne der Big-Brother-Vision in George Orwells »1984« zu realisieren, war kritischen Zeitgenossen recht früh bewusst. Spätestens als deutlich wurde, dass es eben keine wirtschaftliche oder gesellschaftliche »Sättigungsgrenze« für ihren Einsatz gab, wurden erste Forderungen erhoben, die Menschen vor den negativen Folgen zu schützen und dabei insbesondere Vorkehrungen zum Schutz der Privatsphäre zu treffen.

Die Einführung des PC, des »persönlichen Computers«, in den Achtziger- und Neunzigerjahren »befreite« die Computertechnik aus den Rechenzentren von Firmen, Behörden und Universitäten. Auch wenn uns die frühen PC heute als klobig, lahm und leistungsschwach erscheinen, war der Beitrag des PC zur Veränderung des Alltags enorm. Erstmalig konnten sich auch kleine Unternehmen der Vorteile der automatisierten Datenverarbeitung bedienen. Kinder und Jugendliche machten mit »Spielcomputern« Bekanntschaft und wurden auf diese Weise technologisch völlig anders geprägt als alle Generationen zuvor, denn Computertechnik auf elterlichen Schreibtischen oder in Kinderzimmern war plötzlich ganz normal. Der Umgang mit Computern war nicht mehr allein Sache von Fachleuten, sondern auch von Lehrern, Schülern und einfachen Büroangestellten. Überall wurde darüber diskutiert, wo man die neue Technik einsetzen könnte, von der Prozesssteuerung bis zur Verwaltung des

häuslichen Weinkellers oder zum elektronischen Koch-
buch.

Der PC ermöglichte auch die Speicherung und Auswertung personenbezogener Daten ohne vorherige aufwändige Programmierarbeiten. Es war verlockend, einfach
auszuprobieren, »was ging«. Die Verfügbarkeit von Geräten, mit denen sich ohne größeren Aufwand Daten verarbeiten lassen, bot offenbar einen kaum beherrschbaren
Anreiz, dies auch zu tun, selbst wenn damit erhebliche
Risiken für den Datenschutz verbunden waren, vor allem
dort, wo sensible Daten verarbeitet wurden.

Manche in Zeiten der Großrechner entwickelten Datenschutzprinzipien wurden mit dem Aufkommen des PC
weitgehend obsolet. So schrieb (und schreibt!) das Bundesdatenschutzgesetz etwa vor, »Unbefugten den Zutritt
zu Datenverarbeitungsanlagen, mit denen personenbezogene Daten verarbeitet oder genutzt werden, zu verweh-
ren (Zutrittskontrolle)«. Nimmt man diese Vorgabe wört-
lich, wäre praktisch jede Verwendung von PC in öffentlich
zugänglichen Räumen zur personenbezogenen Datenverarbeitung unzulässig, und erst recht jeder Notebook-Ein-
satz.

Inzwischen sind Klein- und Kleinstcomputer in vielfältigen Formen erhältlich, neben dem für den Schreibtisch
bestimmten Desktop der Handheld oder das Notebook.
Computer in Mobiltelefonen (»Communicator«) sind inzwischen genauso verfügbar wie der nur noch handteller-
große Palmtop für die Westentasche. Speichermedien in
der Größe eines Fingernagels haben heutzutage bisweilen
eine größere Kapazität als vor zwanzig Jahren eine kühl-
schrankgroße Speichereinheit.

Nicht minder revolutionär sind die Fortschritte bei den

Computerprogrammen, der »Software«. Die Computer-pioniere legten großen Wert auf eine individuelle Programmierung, wobei die Programme zunächst sehr »hardware-nah« waren, das heißt abhängig von den jeweils eingesetzten Maschinen. Heute können selbst Laien nicht nur Programme zur Text- und Tabellenverarbeitung verwenden, sondern sogar Datenbanksysteme entwickeln. Der PC ist heute ein unentbehrliches Werkzeug für fast jeden Arbeitsplatz, ohne dass die Kenntnisse um die Risiken und einen verantwortungsbewussten Umgang mit der zunehmenden Verwendung der Technologie Schritt gehalten haben.

Kaum zu unterschätzen ist auch eine weitere, teilweise parallel verlaufende Entwicklung: Die einzelnen Systeme wurden zunehmend nicht mehr isoliert (»stand alone«) betrieben, sondern miteinander vernetzt, zunächst in einem Büro, dann in einer Firma und schließlich weltweit. Das Internet macht's möglich.

2.2 Die Internetrevolution hat bereits stattgefunden

»Internet is just a hype« (Bill Gates, 1995)

Das Internet beeinflusst direkt oder indirekt unser berufliches Umfeld ebenso wie unsere Freizeit. Informationen, die wir früher mühselig und zeitaufwändig in Bibliotheken suchen mussten, stehen heute in Sekunden zur Verfügung. Das Netz hat jedoch auch seine Schattenseiten, insbesondere im Hinblick auf den Schutz der Privatsphäre. So ist heute die Beschaffung personenbezogener Daten so einfach wie nie, und als Nutzer hinterlassen wir vielfältige Spuren, die von interessierter Seite begierig aufgesammelt und ausgewertet werden.

Das Internet ist ein Produkt des »Kalten Krieges«, in dem sich die beiden Supermächte USA und Sowjetunion bis zum Zusammenbruch der Sowjetunion 1991 in tödlicher Bedrohung gegenüberstanden. Der wichtigste direkte Vorläufer des Internets war das militärische ARPA-Net (Advanced Research Project Agency) 1969. Über dieses Netz sollten Computer von US-Militär, Waffenindustrie und Universitäten mit verteidigungsrelevanter Forschung selbst dann noch miteinander kommunizieren können, wenn Teile des Netzwerks durch Kriegseinwirkung – etwa einen ständig für möglich gehaltenen Atomschlag – zerstört werden sollten. In den späten Achtzigerjahren wurde dieses Netz den Universitäten übertragen und zunehmend für allgemeine Forschungszwecke genutzt. In den Neunzigerjahren bedienten sich dann immer mehr staatliche Einrichtungen, Unternehmen und schließlich auch Privatpersonen des Netzes.

Schätzungen besagen, dass heute mehr als eine Milliarde Menschen Zugang zum Internet haben, Tendenz weiter steigend. Die verbundenen Computersysteme bilden eine globale Informationsinfrastruktur mit einer unüberschaubaren Menge – auch personenbezogener – Inhalte, die prinzipiell miteinander verknüpft werden können, unabhängig vom ursprünglichen Zweck ihrer Speicherung.

Zugleich verwandelte sich das Internet von einem technisch definierten Computerverbund in einen globalen Marktplatz. Das World Wide Web (WWW), 1989 im schweizerischen Forschungszentrum CERN erfunden, entwickelte sich binnen weniger Jahre zum wichtigsten Dienst. Allein das einer direkten Recherche über Suchmaschinen zugängliche Web wurde 2005 auf ein Volumen von 11,5 Milliarden Seiten geschätzt.

Das Surfen im Web erscheint uns heute fast so selbstverständlich wie das Lesen der Tageszeitung oder das Fernsehen. Wir versenden weitaus mehr E-Mails als papierne Briefe oder Postkarten. Die Bestellung im Internetshop verdrängt den konventionellen Handel, und das eBanking hat heute eine größere Bedeutung als die Verwendung von Schecks oder Überweisungsformularen. Die Begrifflichkeiten der neuen »e-Welt« (E-Mail, ePublishing, eCommerce, eGovernment usw.) kennzeichnen nicht Technologien, sondern ihre Anwendungsfelder, die an die Stelle der entsprechenden Funktionen der realen Welt treten oder diese ergänzen.

Angriffe aus dem Netz

Wer eine Domain auf seinen Namen registrieren lässt, muss damit leben, dass seine Adresse und seine Telefonnummer in zentralen Verzeichnissen registriert werden und weltweit aus dem Internet abgerufen werden können. Wer eine E-Mail versendet, kann sich nicht sicher sein, dass nur der Empfänger sie zur Kenntnis nimmt. Und wer seine Konto- oder Kreditkartennummer über das Internet preisgibt, riskiert, dass auch andere (also etwa nicht nur der Webshop, bei dem man gerade ein Buch bestellt hat) davon erfährt. Dabei ist uns häufig nicht bewusst, dass die elektronischen Kommunikationsdienste ganz anderen Gesetzmäßigkeiten folgen als alle bisherigen Dienstleistungen.

Mit dem Internet verbundene Computer sind immer wieder Ziele von Attacken. Hacker versuchen, Kennungen und Passwörter abzufangen und zur Erlangung eines unberechtigten Zugangs zu fremden Rechnern zu verwenden. Hat sich ein Angreifer einmal Zugang zu einem fremden System verschafft, kann er sicherheitsrelevante Informationen, die auf dem »geknackten« Rechner gespeichert sind, auswerten und für weitere Angriffe verwenden. In Form von Viren, Würmern und Trojanern lauern weitere Risiken. Während es sich bei Viren um Programmbestandteile mit Schadfunktionen handelt, die nur bei Aufruf des »Wirtsprogramms« (etwa einer Textverarbeitungssoftware) aktiv werden, sind Trojaner (abgeleitet von »Trojanisches Pferd«) und Würmer selbstständig ausführbare Programme. Trojaner sind so programmiert, dass sie die Schadfunktionen hinter einem nützlichen Feature (etwa Komprimierung von Dateien) verbergen. Die von Schadprogrammen ausgelösten Funktionen können vielfältig sein. Sie reichen von bloßem Schabernack (etwa Veränderung grafischer Eigenschaften des Systems) bis zur Manipulation und kompletten Löschung von Datenbeständen. Besonders gefährlich sind Programme, welche die Aktivitäten des Nutzers heimlich überwachen – etwa indem sie heimlich alle Tastenanschläge protokollieren (»Keylogger«) und die so erlangten Daten unbemerkt über das Internet an fremde Rechner senden.

Der Weg ins Internet ist keine Einbahnstraße. Bei jeder Nutzung von Internetdiensten wird vielmehr ein Informationskanal geöffnet, der gegebenenfalls auch zum Eindringen in die lokalen Rechner verwendet werden könnte. Nicht nur Hacker, sondern auch staatliche Stellen wollen sich dies zunutze machen. Bereits seit einiger Zeit versuchen Strafverfolgungsbehörden und Nachrichtendienste, unter dem Stichwort »Online-Durchsuchung« derartige Ermittlungsansätze zu etablieren (vgl. 3.4).

Immer wieder kommt es auch zur versehentlichen Veröffentlichung von geschützten Daten. So wurden Zahlungsinformationen samt Adresse von Bankkunden von einem Kreditinstitut im Internet vorübergehend allgemein zugänglich gemacht. Ein Telekommunikationsunternehmen veröffentlichte aufgrund eines Softwarefehlers Benutzerkennungen und Passwörter von E-Mail-Kunden. Dies führte dazu, dass Suchmaschinen die Daten sammelten und bei Übereinstimmung als Treffer ausgaben. Eine vergleichbare Panne unterlief der hessischen Polizei, die Anfang 2007 aufgrund einer Fehlbedienung für interne Zwecke gefertigte Einsatzprotokolle, die unter anderem Namen und Anschriften mutmaßlicher Verkehrssünder enthielten, für den Zugriff aus dem Internet freischaltete.

Digitale Spuren

Während im »real life« das Verhalten des Einzelnen noch nicht vollständig registriert wird, ist die Protokollierung im Internet die Regel.[17] Jeder Mausklick, jeder Seitenaufruf im Web, jede versandte E-Mail und jede Internetbestellung sind den einzelnen Nutzern zuzuordnen. Dies ist zum einen technisch bedingt, da alle Ressourcen im Netz eindeutig identifiziert werden. Jeder Rechner ist im Netz mit einer individuellen IP-Adresse (Internet-Protocol-Adresse, eine Art Kennungsnummer auf Basis einer 32- bzw. 128-stelligen Binärzahl) versehen. Auch jede Information im Web besitzt eine eigene Adresse, den URL (Uniform Resource Locator). Bereits das bloße Surfen im

Web hinterlässt deshalb aussagekräftige Spuren. Mehr noch: Diese Angaben können im Prinzip von allen an einem Kommunikationsvorgang beteiligten Systemen gespeichert werden.

Die Anbieter von Webservern erfahren stets die IP-Adresse des vom Nutzer verwendeten Rechners und wissen, welches Betriebssystem und welcher Browser dort installiert sind. Automatisch wird nicht nur der URL der aufgerufenen Seite, sondern auch derjenige der Seite übertragen, von der aus der Nutzer per »Link« weitergeleitet wurde. Die meisten Anbieter speichern alle diese Daten mit genauer Uhrzeitangabe in Logprotokollen. Anhand der protokollierten Angaben können die Aktivitäten der Besucher detailliert ausgewertet werden. So erfährt der Anbieter etwa, unter welchem Suchbegriff in einer Suchmaschine die entsprechende Webseite gefunden wurde. Ferner werden unter der harmlosen Bezeichnung »Cookies« kleine Dateien auf den Rechnern der Nutzer installiert. Auf diese Weise können zum Beispiel Suchmaschinen die verschiedenen Anfragen eines Nutzers verketten und daraus ein ziemlich gutes Bild von dessen Interessen gewinnen. Webshops setzen kleine, auf dem Rechner des Nutzers gespeicherte Dateien (ebendiese »Cookies«) ein, um seinen Weg durch das Angebot nachzuvollziehen und ihn somit zu beobachten.

Wenn ein individualisiertes Webangebot in Anspruch genommen wird, erfährt der Anbieter im Regelfall zusätzlich die Identifikationsdaten der Nutzer (etwa Namen, Anschriften und Details über die Zahlungsabwicklung eines Bestellers). Hat der Anbieter bereits Daten über das Nutzungsverhalten gesammelt, kann er diese nun auch namentlich zuordnen. Bei späteren Besuchen der Website kann dann per Cookie eine direkte personenbezogene Registrierung eines jeden Mausklicks erfolgen.

Mit dem Internet entsteht eine schöne neue Welt in Form einer virtuellen Öffentlichkeit, die sich nicht mehr klar von »echten«, durch persönliche Kontakte geprägten Kommunikationsstrukturen unterscheiden lässt und vielfältige – auch negative – Konsequenzen auf unser reales Leben entfalten kann. Viele Internetdienste vermitteln zwar den Eindruck einer persönlichen »Gesprächsatmosphäre«. In Chatrooms und Newsgroups oder Internetforen können sich – wie auf einer Versammlung – mehr oder weniger interessante Diskussionen entwickeln. Vielen Teilnehmern ist aber nicht klar, dass alles, was sie hier an persönlichen Informationen preisgeben, an Meinungen und Gefühlen äußern, auf Dauer recherchierbar ist. Jugendliche, die eine unbedachte Bemerkung in ein Internetforum stellen, können damit zum Beispiel konfrontiert werden, wenn sie sich Jahre später um eine Stelle bewerben, oder sie werden trotz guter sonstiger Voraussetzungen zum Vorstellungstermin gar nicht erst eingeladen.

Wenn Daten über die Inanspruchnahme des Internets zusammengeführt werden, entstehen Nutzungsprofile. Sie geben darüber Auskunft, ob man sich für eine Sportart, ein Hobby oder für ein bestimmtes politisches Thema besonders interessiert, ob man das Internet lieber morgens, abends oder nachts nutzt, welche Hard- und Software man verwendet, welche elektronisch angebotene Zeitung man bevorzugt und auf welche Themen sich Suchanfragen beziehen. Kombiniert man diese Daten mit Informationen aus anderen Quellen, entstehen noch genauere Persönlichkeits- und Interessenprofile. Es ist besonders problematisch, dass die Informationen von den

Betroffenen nicht mehr kontrolliert werden können. Dabei kann dieses elektronische Abbild bisweilen falsch, überholt oder einseitig sein, ohne dass der Betroffene eine wirkungsvolle Möglichkeit zur Korrektur besitzt.

Das Internet bietet eine Plattform für alle möglichen politischen Gruppen, die ihre Botschaften weltweit verbreiten wollen. Deshalb versuchen manche Regierungen, die Inhalte zu zensieren, die Informationsströme zu steuern und zu manipulieren. Zudem sind sie daran interessiert, die Urheber oppositioneller Äußerungen zu identifizieren. So kritisieren Menschenrechtsorganisationen zu Recht, dass der US-Internetdienst Yahoo Kundendaten an die chinesische Polizei herausgegeben hat. Auf diese Weise identifizierte Oppositionelle verschwanden für Jahre hinter Gittern. Auch andere IT-Unternehmen kooperieren mit den Behörden autokratischer Regime, sodass regierungskritische Inhalte in diesen Staaten kaum noch auffindbar sind. So will die chinesische Regierung verhindern, dass chinesische Nutzer unzensierte Informationen über Tibet, Menschenrechte oder Demokratie erhalten.

Auch demokratische Staaten setzen auf die Überwachung des Netzes, um rechtswidrige Inhalte aufzuspüren, etwa Anleitungen zum Bombenbau oder Kinderpornografie. Da das Internet zur Vorbereitung und Begehung von Straftaten verwendet wird, können Polizei und Justiz keinen Bogen um das Netz machen. Bei allen Maßnahmen der Strafverfolgungsbehörden müssen jedoch die Unschuldsvermutung und der Verhältnismäßigkeitsgrundsatz beachtet werden. Völlig überzogen wäre es beispielsweise, wenn die Sicherheitsbehörden »rein vorsorglich« auch ganz normales und unverdächtiges Verhalten registrieren und auswerten. Doch genau dies ist zu befürchten, wenn die Anbieter generell die Verkehrsdaten ihrer Nutzer vorsorglich für mindestens ein halbes Jahr speichern müssen (vgl. 3.3).

In letzter Zeit wird unter dem Stichwort »Web 2.0« über neue interaktive Dienste diskutiert, bei denen die Grenze zwischen Anbietern und Nutzern immer weiter verschwimmt. Auch wenn man darüber streiten kann, ob es sich wirklich um eine »neue Qualität« handelt – Interaktivität ist spätestens seit der Erfindung des World Wide Web keine Neuigkeit –, gestatten es neue Dienste selbst technisch unbedarften Nutzern, ihre eigenen Werke (Texte, Bilder, Musikstücke) zu veröffentlichen. Sie bieten ihnen damit die Chance, ihr öffentliches Bild aktiv zu gestalten und an Debatten teilzunehmen, deren Existenz sie früher nicht einmal erahnten. Eine Vielzahl von Internetdiensten ist gerade deshalb so erfolgreich, weil sie die Trennung von »privat« und »öffentlich« aufheben und es jedem Nutzer ermöglichen, Informationen weltweit bereitzustellen.

Sogenannte »Community Services« vernetzen sozial, politisch, religiös oder durch sonstige gemeinsame Interessen definierte Gruppen. Die nahezu unbegrenzten Möglichkeiten der interaktiven Internetdienste erleichtern es nicht nur, ehemalige Schulfreunde zu finden, sie können auch dazu verwendet werden, soziale Kontakte zu kartieren und umfangreiche Soziogramme der Nutzer zu erstellen, die sich als Freunde, Bekannte oder Gegner outen. Ebenso bieten die von den Nutzern selbst über sich bereitgestellten vielfältigen Informationen über ihr Privatleben, ihre persönlichen Präferenzen und Eigenheiten eine erstklassige Quelle für Persönlichkeitsprofile, die sich gut vermarkten lassen.

Interaktive Spiele heben die Verselbstständigung des elektronischen Persönlichkeitsbildes auf eine neue Stufe. Millionen Internetnutzer machen von der Möglichkeit Gebrauch, ihr »virtuelles Ich« völlig neu zu definieren. Aber kaum einem Spieler sind die damit verbundenen realen Gefahren bewusst, denn gerade durch sein »Spielverhalten« gibt der Einzelne Informationen über sich preis, die er in der realen Welt anderen nie und nimmer mitteilen würde. Er tut dies in der Annahme, dass seine wahre Identität ja den Mitspielern nicht bekannt wird. Aber kann er sich darauf verlassen? Jeder steuernde Zugriff auf seine virtuelle Spielfigur hinterlässt Spuren, die sich letztlich bis zum Nutzer zurückführen lassen. Es ist nur eine Frage der Zeit, bis sich staatliche Stellen und auch Unternehmen dafür interessieren werden, was die einzelnen Spieler in den virtuellen Welten denn alles so treiben.

Das Netz vergisst nichts

Über lange Zeit schützte uns das »Recht auf Vergessenwerden« davor, dass wir mit eventuellem Fehlverhalten noch nach langer Zeit konfrontiert werden. Selbst Veröffentlichungen über verurteilte Straftäter sind zu einem wesentlich späteren Zeitpunkt nur noch mit Einwilligung des Betroffenen zulässig. Zudem dürfen die entsprechenden personenbezogenen Informationen nur in dem jeweiligen Sachzusammenhang verwendet werden.

Dieses Vergessen gibt es heute nicht mehr, zumindest was die veröffentlichten Daten anbelangt. Einmal im Internet veröffentlichte Informationen stehen auf Dauer zur Verfügung, und zwar auch dann, wenn der ursprüngliche Anbieter sie bereits gelöscht hat. Da jeder Nutzer im Netz verfügbare Daten und Webseiten auch auf seinem Computersystem speichern und selbst erneut veröffentlichen kann, hat der ursprüngliche Anbieter faktisch keine Verfügungsgewalt über seine Inhalte. Zudem werden Webangebote häufig auf anderen Systemen »gespiegelt« und können auch dann noch erschlossen werden, wenn das ursprüngliche Angebot gelöscht oder der Zugriff gesperrt wurde.

Eine Reihe kommerzieller Dienstleister und wissenschaftlicher Institutionen archivieren fortlaufend alle möglichen Webangebote. Das 1996 in San Francisco gegründete Internetarchiv (www.archive.org) eröffnet mit seinem Angebot »take me back« den Blick zurück auf im Original längst gelöschte Webseiten. Immer leistungsfähigere Suchmaschinen erlauben das Auffinden von Autoren längst vergessener Diskussionsbeiträge in Internetforen, »Newsgroups« und Chatrooms. Sie vernetzen das Wissen von Bibliotheken mit privaten Beiträgen aller Art und erschließen zunehmend auch die lokal auf Festplatten beim Nutzer gespeicherten Daten.

Die Frage drängt sich auf, ob es angesichts der durch das Internet geprägten neuen digitalen Realität noch einen wirksamen Datenschutz geben kann. Technische Mittel, die Privatsphäre im Netz zu gewährleisten, stehen bereits zur Verfügung, etwa Programme zur Datenverschlüsselung, Anonymisierungsdienste und Zahlungsverfahren, bei denen man seine Identität nicht aufdecken muss. Allerdings stehen gerade diese Mittel in der Kritik, weil sie auch von Kriminellen verwendet werden könnten. Das Verbot datenschutzfreundlicher Verfahren wäre aber die falsche Antwort, denn es würde ganz überwiegend die

Falschen treffen. Zudem darf nicht vergessen werden, dass viele Menschen wegen der immer umfassenderen Integration elektronischer Kommunikationsmittel in ihren Alltag auch intimste Informationen digital speichern und versenden, die bei einem Verbot der Verschlüsselung völlig ungeschützt blieben.

2.3 Ubiquitous Computing – allgegenwärtige Überwachung?

»Ubiquitous Computing« (UC) – allgegenwärtige Datenverarbeitung – dieser 1991 erfundene Begriff bezeichnet die seitdem wohl dramatischste Veränderung der Informationstechnik. Jederzeitige Verfügbarkeit, zusätzlicher Bedienungskomfort, erleichterter Zugang zu »passenden« Diensten und Produkten bieten unbestreitbare Vorteile gegenüber früheren Verfahren, bei denen die Daten zeitaufwändig erfasst und die Ergebnisse recht unflexibel in Form von Listen und Lochkarten ausgegeben wurden. Elektronische Datenverarbeitung ist beim UC untrennbar mit allen möglichen Alltagtätigkeiten verbunden und wird als solche von uns kaum noch wahrgenommen. Die Technologie soll es den Nutzern ermöglichen, ständig erreichbar zu sein und elektronisch zu kommunizieren, wobei sich die Technik jeweils an die jeweilige Umgebung anpasst.[18]

Der Fluch permanenter Erreichbarkeit

Trotz dieser Vorteile sollten wir nicht der Frage ausweichen, ob die jederzeitige und umfassende Erreichbarkeit tatsächlich unseren Wünschen und Vorstellungen eines selbstbestimmten Lebens entspricht. So darf nicht vergessen werden, dass durch die stetige Erhebung, Speicherung, Übermittlung und Auswertung persönlicher Daten den Betroffenen zunehmend die Kontrolle darüber entgleitet, wer was über sie weiß. Wenn der Einzelne die Verfügungsmacht über die von ihm preisgegebenen Informationen verliert, ist sein Recht auf informationelle Selbstbestimmung im Kern bedroht. Wenn unser gesamter Alltag registriert wird, schrumpfen die privaten Refugien immer weiter zusammen, in denen wir nicht beobachtet sind und uns unbefangen verhalten.

Waren anfangs vor allem technische Güter mit Computerchips ausgestattet, etwa Mobiltelefone und Fernseher, haben digitale Komponenten inzwischen diese Begrenzungen weit hinter sich gelassen. Ihre Anwendungsbreite reicht inzwischen vom Kraftfahrzeug, in dem mittlerweile Dutzende Mikrocomputersysteme »embedded« vor sich hin werkeln, um den Fahrer zu unterstützen, bis hin zum »wearable Computer«, also Kleidungsstücken, die sich flexibel an Umweltbedingungen anpassen können. Wenn in Zukunft schließlich in Kleidung eingebaute Sensoren Körperfunktionen messen (etwa Körpertemperatur, Blutdruck, Herzfrequenz), eröffnen sich hierdurch im Guten (medizinische Unterstützung) wie im Bösen (Überwachung) ungeahnte neue Anwendungsfelder.

Vernetzter Alltag

Mikrokomponenten können sich spontan vernetzen, ohne dass wir dies steuern oder auch nur bemerken. Das beste Beispiel ist das Mobiltelefon, das sich automatisch mit der jeweils nächsten Basisstation des Netzanbieters verbindet. Dadurch sind die damit verbundenen Möglichkeiten jedoch nicht erschöpfend beschrieben, denn die verschiedensten technischen Systeme (und damit auch die entsprechenden Daten) können im Nahbereich der Wohnung und auch weltweit miteinander verknüpft werden. So ist bereits seit Längerem vom »intelligenten Kühlschrank« die Rede. Er erkennt die Lebensmittel anhand von Daten, die auf einem in die Verpackung integrierten Chip gespeichert sind. Der Kühlschrank kann dann etwa automatisch Milch über das Internet nachbestellen, wenn das Haltbarkeitsdatum demnächst abläuft. Informationstechnische Systeme werden bald von zentraler Bedeutung für die Fern- und Selbststeuerung von Wohnfunktionen (»intelligentes Haus«) sein. Bereits jetzt kann der Verbrauch von Strom, Heizenergie, Gas und Wasser aus der Ferne in Echtzeit durch Serviceunternehmen abgelesen werden.

Die Vernetzung bringt gravierende Datenschutzrisiken mit sich: So erkennt der Nutzer häufig nicht, dass überhaupt eine Kommunikation stattfindet, und kann deshalb nicht kontrollieren, welche Daten übertragen werden. Im »intelligenten Haus« kann man detaillierte Erkenntnisse über das Verhalten der Bewohner gewinnen. Hacker könnten unbemerkt auf Daten zugreifen, die in einem Handy gespeichert sind (etwa wenn es der Besitzer versäumt hat, eine Kommunikationsschnittstelle zu deaktivieren). Wenn

Chips in Gegenstände eingebaut sind, ist dies häufig für den Nutzer nicht erkennbar. Nicht zu unterschätzen ist dabei die Gefahr, dass die Kommunikation überwacht wird und auf diese Weise Dritte Kenntnis von vertraulichen Daten erhalten. Schlimme Folgen kann es auch haben, wenn manipulativ in Kommunikationsprozesse eingegriffen wird, etwa in die Steuerung medizinischer Geräte.

Die heutigen Systeme garantieren häufig nicht den erforderlichen Schutz gegen diese Gefahren. Besonders ärgerlich ist es, dass viele Systeme so vorkonfiguriert sind, dass sie nicht einmal ein Mindestmaß an Sicherheit gewährleisten. Häufig sind zudem nur Nutzer mit gehobenen Computerkenntnissen in der Lage, die Sicherheit durch entsprechende Konfigurationsänderungen zu verbessern, etwa wenn man die Datenübertragung in einem lokalen Funknetzwerk (WLAN) auf verschlüsselte Kommunikation umstellen möchte.

Es reicht nicht, lediglich die Informationstechnik technisch abzusichern und so dem Datenmissbrauch durch Hacker oder sonstige unbefugte Dritte entgegenzuwirken. Entscheidend wird es sein, die Systeme so zu gestalten, dass sie mit weniger Daten über unser Verhalten auskommen und uns gleichwohl effektiv unterstützen (vgl. 5.1). Obwohl dieser Grundsatz der »Datensparsamkeit« bereits seit 2001 im Bundesdatenschutzgesetz steht, scheinen die Systemgestalter davon noch wenig gehört zu haben. Vielfach geht es den Unternehmen im Gegenteil eher darum, möglichst viel von ihren Kunden zu erfahren, um daraus Kapital zu schlagen (vgl. 4).

Funkchips – die heimliche Versuchung

Die Übertragung per Funk ist von zentraler Bedeutung für die schöne neue Welt der allgegenwärtigen Datenverarbeitung. Radio Frequency Identification (RFID) ist eine Schlüsseltechnologie, mit der Gegenstände und Personen gekennzeichnet und identifiziert werden können. Wenn der RFID-Chip in die Nähe einer passenden Schreib-/Leseeinheit kommt, kann sein Inhalt ausgelesen und bei bestimmten Chiptypen sogar verändert werden.

Vom Ticket bis zum neuen Reisepass, vom Container bis zur CD – immer mehr Alltagsgegenstände sind mit RFID-Chips versehen. Ihr Anwendungsbereich umfasst bereits Tiere (vom Kampfhund bis zum EU-Rind) und sogar Menschen – Letzteres allerdings noch vereinzelt. So wird von einer spanischen Bar berichtet, deren Stammkundschaft anhand der implantierten Chips identifiziert wird, und es wird darüber diskutiert, diese Technik auch zur Bestimmung des jeweiligen Aufenthaltsorts dementer Personen oder von Strafgefangenen einzusetzen. Auch in der Medizin kommen immer mehr RFID-Chips zum Einsatz, insbesondere in Krankenhäusern. Dort werden individuell zusammengestellte Medikamente mit Funkchips markiert, um Fehlmedikationen zu vermeiden.

Die Tickets für die Fußballweltmeisterschaft 2006 waren mit RFID-Chips ausgestattet, um deren Fälschungssicherheit zu erhöhen und zugleich den Schwarzhandel zu erschweren. Mittels der Chip-Seriennummer konnten die in Datenbanken erfassten Angaben der Ticketkäufer erschlossen und bei der Einlasskontrolle mit den auf dem Ticket aufgedruckten Daten abgeglichen werden. Dieses Beispiel verdeutlicht die Schlüsselstellung, die den Funkchips bei der Zuordnung aller möglichen Gegenstände zu einer bestimmten Person zukommt. Die umfassende Personalisierung wiederum erleichtert die Registrierung und Überwachung individuellen Verhaltens. Darin besteht das eigentliche datenschutzrechtliche Problem der Funkchips. Verwendet der Käufer bei einem Bezahlvorgang etwa eine Kunden- oder Kreditkarte, kann der Kassencomputer die persönlichen Angaben (Name, Konto- bzw. Kundennummer) mittels der am Produkt oder der Verpackung angebrachten RFID-Chips mit den Informationen verknüpfen, die im Warenwirtschaftssystem gespeichert sind.

Ob eine RFID-Anwendung sinnvoll oder bedenklich ist, erschließt sich nur bei Betrachtung des Verwendungszusammenhangs und nicht aus dem Chip selbst. So werden bereits seit einigen Jahren bei Marathonläufen RFID-Chips an den Laufschuhen befestigt, um die Zwischen- und Endzeiten der Läufer automatisch zu erfassen. Wenn die Chips eines Tages in Straßenschuhen eingearbeitet sein sollten, ließe sich deren Träger mittels verdeckt angebrachter Leseeinrichtungen im Wortsinn auf Schritt und Tritt überwachen.

Ein wirksamer Schutz gegen das heimliche Auslesen der Funkchips könnte dadurch erreicht werden, dass man die Antenne abtrennt, ein Mechanismus, der bereits von IBM patentiert wurde. Die Antenne kann erneut mit dem Chip verbunden werden, wenn wieder auf die Daten zugegriffen werden soll. Diese Lösung kann allerdings die RFID-Problematik nicht generell entschärfen. So scheidet dieser einfache Selbstschutz etwa bei Ausweispapieren aus. Hier muss der Chip mit elektronischen Mechanismen ausgestattet werden, die den Datenzugriff kontrollieren. Die für die Bereitstellung derartiger Verschlüsselungsfunktionen verwendeten »Smartchips« kommen wegen der derzeit noch relativ hohen Kosten nur dort zur Anwendung, wo sensible individuelle Daten auf dem Chip gespeichert werden, etwa die biometrischen Merkmale in Reisepässen (vgl. 2.7).

Auch die Betroffenen selbst können sich gegen eine heimliche Überwachung mittels RFID schützen. Die erste Herausforderung besteht indes darin, den Chip aufzufinden, was angesichts immer kleinerer und flexiblerer Bauformen schwierig ist. Dieses Problem kann technisch gelöst werden, etwa durch Detektoren, die versteckte RFID-Chips aufspüren. In einem zweiten Schritt können Möglichkeiten zur Deaktivierung genutzt werden. Bastler haben zudem Sender entwickelt, welche die Existenz einer Vielzahl von RFID-Chips vortäuschen, um damit die Lesegeräte zu verwirren. Schließlich bieten die elektrischen Eigenschaften der RFID Ansatzpunkte zur Selbsthilfe. Da das Auslesen der Chips aus einem Faraday'schen Käfig, das heißt aus einer Metallummantelung, nicht möglich ist, könnten Taschen mit eingewebten Metallfäden oder Metallhüllen für mit RFID-Chips ausgestattete Dokumente zusätzlichen Schutz bieten.

Die von Daten- und Verbraucherschützern aufgestellten Forderungen nach frühzeitiger Information der Betroffenen und nach Deaktivierbarkeit der Chips werden von der Wirtschaft nicht bestritten. Handel und Industrie bevorzugen ihre Umsetzung durch freiwillige Selbstverpflichtungen und lehnen gesetzliche Vorgaben ab. Die entscheidende Frage ist allerdings, wie die Verbindlichkeit derartiger Selbstverpflichtungserklärungen gewährleistet werden kann, zumal datenschutzrechtliche Sanktionsmechanismen bei Verstößen nicht greifen, soweit keine personenbezogenen Daten verarbeitet werden. Wenn sich die Selbstregulierung nicht als wirksam erweisen sollte, müsste deshalb doch der Gesetzgeber dafür sorgen, dass die Betroffenenrechte beim RFID-Einsatz gewahrt werden. Schließlich müssen sich die »Träger« der Chips, also wir, der mit ihnen verbundenen Überwachungsmöglichkeiten bewusst sein. So könnte man an der Kasse die lästige Frage, ob man eine Kundenkarte habe, mit der Gegenfrage nach dem Vorhandensein von RFID-Chips und den Möglichkeiten ihrer Deaktivierung kontern. Auf die Antworten dürfen wir gespannt sein.

2.4 Peilsender in der Jackentasche

Mobilität, Flexibilität und Individualität gehören zu den Kernbotschaften der Ökonomie des 21. Jahrhunderts. Der mobile Mensch soll dabei jederzeit erreichbar sein, und er will sich auch in fremden Umgebungen zurechtfinden. Damit gewinnt die Lokalisierung, das heißt die Bestimmung des aktuellen Aufenthaltsorts, die durch neue Technologien mit immer größerer Präzision ermöglicht wird, an Bedeutung.

Zunächst erfolgte die Lokalisierung nur deshalb, um die Erreichbarkeit des Mobiltelefons sicherzustellen. Mobilfunknetze setzen sich aus einer Vielzahl von Funkzellen zusammen, deren Durchmesser – abhängig von der Bebauungsdichte und der verwendeten Technik – zwischen einigen hundert Metern und mehreren Kilometern beträgt. Dem Netz muss bekannt sein, in welcher Funkzelle sich ein Gerät befindet, damit eine Verbindung aufgebaut werden kann. Deshalb senden eingeschaltete

Mobiltelefone laufend »Aktivmeldungen«. Das Netz speichert die dabei ermittelten Standortdaten an zentraler Stelle. Bei Zustandekommen der Verbindung wird der Standort im Verkehrsdatensatz gespeichert und soll künftig aufgrund der Vorratsspeicherung erst nach einem halben Jahr gelöscht werden (vgl. 3.3).

Vor zwanzig Jahren begannen die USA mit dem Aufbau von GPS (Global Positioning System) zur genauen Positionsbestimmung an jedem beliebigen Ort der Erde. Mit einem Empfangsgerät werden die erreichbaren Satelliten angepeilt, und auf der Grundlage der Signallaufzeiten wird dann der Standort berechnet. GPS und das geplante europäische Galileo-System sind »passive« Systeme, die selbst keine Ortung durch Dritte ermöglichen. Die Positionsdaten werden jeweils zunächst nur von dem abfragenden Empfangsgerät ermittelt. Die Daten können allerdings – etwa mittels Mobilfunk – übermittelt werden und so Dritten zur Kenntnis gelangen. Zukünftig werden viele neue Mobiltelefone mit Ortungsmodulen ausgestattet sein, um damit den Aufenthaltsort des Nutzers festzustellen und die per Satellitenortung ermittelten Standortdaten – etwa bei Notrufen – zu übertragen.

Lokalisierungsmechanismen bilden die Grundlage unterschiedlicher Dienste, sogenannter »Location Based Services« (LBS). Die dabei verwendeten Lokalisierungsdaten können zur Erzeugung von Bewegungsbildern genutzt und mit sonstigen personenbezogenen Angaben zu Profilen über die Nutzer verdichtet werden. Schließlich kann die Ortungstechnik zur heimlichen Überwachung verwendet werden. Derartige Dienste und GPS-Geräte werden mit beachtlichem Erfolg vermarktet, etwa um Speditionen beim Flottenmanagement zu unterstützen. Anzunehmen ist allerdings, dass diese Techniken auch von eifersüchtigen Ehepartnern und von Privatdetektiven zur heimlichen Überwachung verwendet werden.

Die von den Mobilfunkbetreibern an LBS-Anbieter übermittelten Lokalisierungsdaten dürfen nur mit Einwilligung der Teilnehmer verwendet werden. Diese gesetzliche Vorgabe schließt aber nicht aus, dass Lokalisierungsdienste missbräuchlich verwendet werden. Niemand kann etwa garantieren, dass der Dienst »Track Your Kid« wirklich nur zur Bestimmung des Aufenthaltsorts eines Kindes und nicht zur Kontrolle des Ehepartners eingesetzt wird. Wenn Privatpersonen heimlich den Aufenthaltsort anderer mit technischen Mitteln feststellen, ist dies nicht strafbar. So muss jemand, der aus reiner Neugier ein GPS-Ortungsgerät am Auto seines Nachbarn befestigt, nicht mit Bestrafung rechnen. Anders verhält es sich allerdings bei der Nutzung von Lokalisierungsdaten durch Unternehmen. Die geschäftsmäßige oder sogar gewerbliche Verarbeitung dieser Daten ohne Einwilligung der Betroffenen würde gegen datenschutzrechtliche Bestimmungen verstoßen und könnte mit Bußgeldern geahndet werden.

Strittig ist vor allem die Nutzung von Lokalisierungsinformationen durch staatliche Stellen. Eine Stadtverwaltung, die Besuchern per Handy einen ortsgebundenen touristischen Informationsdienst zur Verfügung stellen will, muss sich um die Einwilligung der Betroffenen bemühen. Besonders prekär ist die heimliche Ortung durch Strafverfolgungsbehörden, Polizei und Nachrichtendienste, denn hier scheiden auf Einwilligung beruhende Lösungen aus.

Können wir uns gegen die unerwünschte elektronische

Feststellung unseres Aufenthaltsorts noch wehren? Im Zweifel nur, wenn wir auf die Segnungen der jederzeitigen Erreichbarkeit verzichten. Ein ausgeschaltetes Mobiltelefon sendet auch keine Standortdaten. Wenn wir ein neues Mobiltelefon kaufen, sollten wir uns überlegen, ob uns die eingebaute GPS-Ortung wirklich so wichtig ist.

Bei der Weiterentwicklung der mobilen Informationstechnik sollte zudem deutlicher zwischen Kommunikations- und Ortungsfunktionen unterschieden werden. Mobile Netze lassen sich so ausgestalten, dass die Erreichbarkeit auch ohne genaue Standortbestimmung möglich ist. Zudem muss der Nutzer selbst kontrollieren können, ob, wann und durch wen sein Standort festgestellt wird. So ist es durchaus sinnvoll, dass der Autofahrer selbst darüber entscheidet, ob und in welchen Situationen ein ins Fahrzeug eingebautes Notrufsystem aktiv geschaltet wird. Auch hier geht es letztlich um die Frage, wie weit wir uns auf eine »fürsorgliche Überwachung« einlassen wollen.

2.5 Überall im Bild: Videoüberwachung

Videokameras sind die sichtbarsten Symbole umfassender Überwachung. Eindrucksvolle Fotos von Videoüberwachungseinrichtungen zieren die Covers vieler einschlägiger Broschüren. Überall begegnen uns auch Piktogramme mit stilisierten Kameras, und wir werden darauf hingewiesen, dass Bahnhöfe, Tankstellen, Blumenbeete und sogar Toiletten »videoüberwacht« werden. Die damit suggerierte Sicherheit ist vielfach nicht mehr als ein leeres Versprechen.

Als vor einigen Jahren in Großbritannien die Bilder einer Überwachungskamera dazu beitrugen, die minderjährigen Mörder eines Kleinkindes zu identifizieren, galt dies als Beweis dafür, dass die Videoüberwachung unsere Sicherheit erhöht. Seitdem hat die Videoüberwachungsdichte um ein Vielfaches zugenommen. Sämtliche Straßen der Londoner City werden durch Videokameras beobachtet. Ob damit allerdings wirklich ein erhöhtes Maß an Sicherheit verbunden ist, darf bezweifelt werden. So wurden die mit Explosivstoffen gefüllten Fahrzeuge, die im Sommer 2007 vor Londoner Nachtclubs abgestellt worden waren, nicht etwa durch Videokameras, sondern durch aufmerksame Mitmenschen entdeckt. Schließlich sprechen auch Kriminalstatistiken gegen die These, umfassende Überwachung führe zu umfassender Sicherheit.[19]

Unabhängig von derartigen Zweifeln schreitet der Ausbau der Videoüberwachung weiter voran. Ob auf Flughäfen, in Bahnhöfen, Ladenpassagen, Kaufhäusern oder Schalterhallen von Banken, überall müssen wir damit rechnen, ins Blickfeld von Videosystemen zu geraten. Derartige Systeme sind mehr als ein »verlängertes Auge« des Sicherheitspersonals oder der Polizei, denn die Videoaufnahmen werden zumeist gespeichert und können nachträglich ausgewertet werden.

Häufig wird nicht einmal geprüft, ob die Videoüberwachung im konkreten Fall Erfolg versprechend ist. Ebenso wenig wird der Frage nachgegangen, ob sich mehr Sicherheit vielleicht sogar besser durch alternative Ansätze erreichen ließe. So kann die Sicherheit in einer dunklen Eisenbahnunterführung möglicherweise durch eine verbesserte Beleuchtung weitaus stärker erhöht werden als durch die Installation einer Videokamera. Anstatt dass man sich mit derartigen vermeintlich lästigen Überlegungen abgibt, werden spektakuläre Einzelfälle als Beweis dafür ausgegeben, dass mehr Videoüberwachung mit einem Gewinn an Sicherheit gleichzusetzen sei. Als »Beweise« müssen etwa die Bombenanschläge auf die Londoner U-Bahn 2005 und die gescheiterten Kofferbombenattentate auf Regionalbahnen in Nordrhein-Westfalen 2006 herhalten. Dabei wird bisweilen übersehen, dass hier und in anderen Fällen die Videotechnik zwar zur Aufklärung von Straftaten beigetragen hat, die Anschlagsvorbereitungen aber nicht aufgedeckt bzw. die Anschläge nicht vereitelt hat.

Eine Vielzahl von Studien beschäftigt sich mit der Wirksamkeit der Videoüberwachung.[20] Die meisten Untersuchungen belegen, dass der Beitrag der Videotechnik zur Prävention bescheiden ausfällt, jedenfalls bescheidener als von den Befürwortern versprochen. So hat die Installation einer Videokamera auf einem öffentlichen Platz praktisch kaum Auswirkungen auf die Kriminalstatistik. Allenfalls werden bestimmte Kriminalitätsformen in die Seitenstraßen verdrängt. Lediglich in bestimmten besonders gefährdeten und unübersichtlichen Bereichen, etwa in Parkhäusern, lässt sich mittels Videotechnik ein signifikanter Sicherheitsgewinn erzielen.

Videotechnik soll häufig Personal ersetzen, etwa in U- und S-Bahnhöfen. Dabei wird allerdings übersehen, dass selbst leistungsfähige Videotechnik die Aufgaben des Bahnpersonals nicht übernehmen kann. Videokameras können weder einem hingefallenen Menschen beim Aufstehen helfen, noch können sie Reisenden auf ihre Fragen antworten. Selbst der Gewährleistung der Sicherheit genügen Videokameras hier häufig weitaus schlechter als mit dieser Aufgabe betraute Menschen. Sie garantieren nicht einmal, dass eine Straftat, Vandalismus oder hilfsbedürftige Personen von den Sicherheitskräften überhaupt wahrgenommen werden. Videoaufnahmen werden im Regelfall fernab vom Geschehen in Überwachungszentren übertragen, in denen überforderte Sicherheitskräfte für eine Vielzahl von Bildschirmen zuständig sind. Und nicht einmal dies ist immer gewährleistet: So ergab eine Kontrolle auf dem Berliner Hauptbahnhof, dass der Überwachungsraum der Bundespolizei über Stunden wegen Personalmangels unbesetzt war.

Gleichwohl wird der Ruf nach Videoüberwachung immer lauter. Die polizeiliche Videoüberwachung soll der Gefahrenabwehr, der Aufklärung begangener Straftaten und zugleich der »vorbeugenden Bekämpfung künftiger Straftaten« dienen. Im privaten Bereich spielt daneben die Wahrnehmung des Hausrechts eine besondere Rolle. Dabei werden die gesetzlich definierten Grenzen häufig überschritten, wie die Datenschutzbehörden immer wieder feststellen müssen, etwa wenn ein Geschäftsinhaber vorsorglich gleich den gesamten Gehweg überwacht.

Weil eine Videokamera alle Personen erfasst, die in ihren Bereich kommen, werden unvermeidlich völlig unverdächtige Menschen mit ihren individuellen Verhaltensweisen aufgenommen. Das Gefühl, beobachtet zu werden, führt zu Verunsicherung und angepasstem Verhalten. Aus diesem Grund stoppte das Bundesverfassungsgericht Anfang 2007 das Vorhaben der Stadt Regensburg, einen öffentlichen Platz allein deshalb per Videokamera zu überwachen, da hier ein von Vandalismus gefährdetes Denkmal aufgestellt worden war.

Wenn Videoaufnahmen nicht nur auf Überwachungs-
monitoren angezeigt, sondern auch über längere Zeit-
räume hinweg gespeichert werden, greift dies über die
bloße Beobachtung hinaus in die Persönlichkeitsrechte
ein. Zudem ist zu befürchten, dass es durch Kombination
von Videotechnologie und Biometrie bald möglich sein
wird, die aufgenommenen Personen jederzeit zu identifizieren. Es darf nicht dazu kommen, dass wir uns letztlich
für völlig legales Verhalten rechtfertigen müssen, weil wir
zufällig von einer Videokamera erfasst und identifiziert
wurden. Vielmehr muss sich der Einsatz von Videotechnik weiterhin auf gefährdete Bereiche beschränken. Pau-
schalen Forderungen nach »mehr Videoüberwachung«
sollten wir mit Fragen nach ihrem Sinn und Zweck und
den Nebenwirkungen begegnen. Was spricht beispielsweise dagegen, sich beim Restaurantbesitzer danach zu
erkundigen, warum eine Videokamera auf den Gastraum
gerichtet ist und wo die Aufnahmen landen? Und wer
hindert uns daran, den Bürgermeister danach zu befragen, wie sich das auf dem Marktplatz installierte Überwachungssystem tatsächlich auf die Sicherheit auswirkt?
Wer Überwachung will oder durchführt, ist beweispflich-
tig, denn er greift damit in unsere Rechte ein.

Revolution der Videotechnik

Die ersten, in den Siebzigerjahren eingeführten Videokameras dienten der Verkehrssteuerung und erlaubten lediglich Übersichtsaufnahmen. Dann wurden die Eingangs-
und Schalterbereiche wichtiger öffentlicher Gebäude und
Banken mit Videotechnik ausgestattet. Es folgten Geschäfte und Einkaufspassagen, öffentliche Verkehrsmit-

tel, Taxis und Restaurants, Bars oder Hotelfoyers. Selbst in Schulen, Alten- und Pflegeheimen sowie Krankenhäusern sind heute bisweilen Videokameras installiert. In Schwimmbädern reicht die Überwachung bis in die Umkleidekabinen.

Die Videotechnik bietet immer neue Einsatzmöglichkeiten. Anders als ihre schuhkartongroßen Vorläufer sind Videokameras heute klein und unauffällig. Für die Überwachung großer Räume werden sogenannte »Dome-Kameras« eingesetzt, voll schwenkbare Systeme mit starker Zoomfunktion, die noch auf hundert Metern winzige Details erkennen können. Geschäfte setzten in früheren Zeiten vor allem auf den Abschreckungseffekt der Videoüberwachung, bisweilen sogar durch Einsatz von Kameraattrappen. In Großbritannien wurden zudem im Frühjahr 2007 Versuche gestartet, Minihubschrauber (»Mikrodrohnen«) mit Videokameras auszustatten, die den öffentlichen Raum lautlos überwachen und einzelne Personen gezielt observieren können. Derartige Komplettsysteme sind bereits auf dem Markt erhältlich.

Moderne Videosysteme arbeiten digital und nicht mehr analog. Damit fällt ein wesentliches Motiv für eine frühzeitige Löschung der Videoaufnahmen weg. Waren analoge Überwachungssysteme allein wegen ihrer beschränkten Speicherkapazität so ausgelegt, dass die Daten nach einigen Stunden oder wenigen Tagen überschrieben wurden, besteht diese Restriktion bei digitalen Speichermedien praktisch nicht mehr. Heute können die Aufnahmen über Monate und Jahre gespeichert bleiben, und dies zu äußerst geringen Kosten.

Wenn Videokameras mit Computersystemen gekoppelt werden, können die Beobachtungen zudem elektronisch ausgewertet werden. In mehreren Bundesländern werden bereits Systeme eingesetzt, welche die Kraftfahrzeugkennzeichen aller vorbeifahrenden Fahrzeuge mit dem Fahndungssystem abgleichen und im Falle eines Treffers Alarm geben. Auch wenn eine derartige Fahndungsmaßnahme für sich genommen nicht allzu tief in den Datenschutz eingreift, ist sie doch problematisch. Es entsteht nämlich eine neue Infrastruktur, die – bei geringfügiger Änderung der Systemkonfiguration – eine Massenüberwachung ermöglicht. Dass es sich dabei nicht um die ausufernde Phantasie eines notorischen Datenschützers handelt, belegen entsprechende Vorschläge aus Großbritannien: Der britische Verband leitender Polizeibeamter forderte bereits 2005 eine landesweite Vernetzung von Kfz-Kennzeichenlesern, wobei jeweils die Kamerasysteme der Polizei, örtlicher Behörden, des britischen Straßenverkehrsamtes sowie private Überwachungsanlagen zusammengeschaltet würden, einschließlich der Kameras in Stadtzentren und Einkaufszonen. Die Daten sollen nicht nur mit Fahndungsdateien abgeglichen werden, sondern darüber hinaus für mehrere Jahre gespeichert bleiben. An der Umsetzung dieses Projekts wird bereits gearbeitet.

Es ist zu befürchten, dass auch bei uns bald entsprechende Vorhaben zur Dauerbeobachtung lanciert werden. Umso wichtiger ist es, bereits bei der Schaffung einer entsprechenden Infrastruktur kritisch hinzuschauen und nachzufragen. Sind die Überwachungssysteme erst einmal installiert, wachsen auch die Begehrlichkeiten, wie das nachfolgende Beispiel der Autobahnmaut zeigt.

Vom Mautsystem zum Fahndungsinstrument?

Mautsysteme sollen den Verkehr besser steuern und diejenigen zur Kasse bitten, die öffentliche Straßen besonders in Anspruch nehmen. Ein solches Vorhaben erscheint auf den ersten Blick sinnvoll. Protest regt sich vor allem gegen die vermeintliche staatliche »Abzocke«. Dagegen finden die Überwachungseffekte von Mautsystemen eher weniger öffentliche Beachtung. Jedes Mautsystem, das eine zeit- und streckenbezogene Abrechnung vornimmt, impliziert aber die individuelle Registrierung der einbezogenen Fahrzeuge. Trotzdem ist die Eignung von Mautsystemen zur Überwachung höchst unterschiedlich. Es lohnt sich also, genauer hinzuschauen.

Bereits in den Neunzigerjahren wurde darüber diskutiert, wie sich bei Mautsystemen Verletzungen des Datenschutzes vermeiden lassen. Die 2004 eingeführte deutsche LKW-Maut führt zu umfangreichen Datensammlungen: bei der Buchung bestimmter Wegstrecken über das Internet oder am Zahlungsautomaten, in der im Fahrzeug eingebauten On Board Unit (OBU) und bei der Überwachung der ordnungsgemäßen Entrichtung der Maut. Die OBU registriert die zurückgelegten Strecken und übermittelt per Mobilfunk den Zahlungsstatus des Lkws an Toll Collect. Zur Überwachung der Zahlung wird zwischen der OBU und der Kontrollbrücke eine Funkverbindung aufgebaut, und die Kfz-Kennzeichen werden automatisch gelesen. Dabei werden nicht ausschließlich die Kennzeichen der zahlungspflichtigen Lkws erfasst, sondern die von allen die Kontrollbrücke passierenden Fahrzeugen. Allerdings werden die Digitalfotos der Pkws bereits nach Sekunden überschrieben. Auch die Daten nicht zahlungspflichtiger Lkws und die Daten der Lkws, für die die Maut entrichtet wurde, werden in der Überwachungsbrücke nach kurzer Zeit gelöscht. Die Daten aller Zahlungsvorgänge und die Daten erkannter bzw. vermuteter Nichtzahler werden allerdings zunächst zum Servicecenter von Toll Collect übertragen und landen schließlich zu Dokumentationszwecken beim Bundesamt für Güterverkehr, wo sie erst nach mehreren Jahren gelöscht werden.

Als Reaktion auf die umfangreiche Datensammlung nahm der Bundestag eine strikte Zweckbindung dieser Daten in das Autobahnmautgesetz auf. Nach diversen Kapitalverbrechen, in die schwere Lastwagen beziehungsweise ihre Fahrer verwickelt waren, geriet diese Regelung 2005 unter Beschuss. So forderten Bundesinnenminister Schäuble und der SPD-Innenpolitiker Dieter Wiefelspütz, die Verwendung der Mautdaten zu Strafverfolgung und Gefahrenabwehr zu erlauben. Wolfgang Schäuble setzt sich zudem für die präventive Nutzung der Mautdaten durch die Polizei ein, obwohl es nicht einmal seriöse Szenarien geschweige denn Erfahrungen gibt, wie sich damit Verbrechen oder Gefahren abwenden lassen.

Die Mautdiskussion offenbart ein Dilemma, vor dem die Datenschützer nicht nur hier stehen. Zweckbindungsvorschriften – mögen sie noch so gut formuliert sein – geraten dann unter Beschuss, wenn die gesammelten Daten für andere wichtige Zwecke nützlich sein können. Wenn der Datenschutz dafür verantwortlich gemacht wird, dass die Polizei einen Serienmörder nicht fassen kann, zählen Datenschutzargumente wenig – mögen sie noch so begründet sein. Wenn sich Datenschützer auf die partielle Auflockerung der Zweckbindung einlassen, etwa zur Verfolgung schwerster Straftaten, besteht die Gefahr, dass damit letztlich die Tür für zusätzliche Nutzungsmöglichkeiten geöffnet wird. Umso wichtiger ist es deshalb, technische Systeme so zu gestalten, dass sie wenig oder gar keine personenbezogene Daten erfassen. Nicht vorhandene Daten wecken jedenfalls keine Begehrlichkeiten. Ein solcher vorbeugender Datenschutz ist wesentlich nachhaltiger als die gesetzliche Einhegung riesiger Datenbestände. Die Frage nach der datenschutzfreundlichen Gestaltung von Mautsystemen wird sich spätestens dann stellen, wenn die Autobahnmaut auf weitere Fahrzeuge, insbesondere Pkws, ausgeweitet wird oder wenn über die Citymaut nachgedacht wird. Dabei sollte das bisherige Lkw-Mautsystem nicht eins zu eins übertragen werden. Vielmehr könnten hier anonyme Prepaid-Modelle zum Einsatz kommen, bei denen lediglich der Zahlungsstatus an Kontrollstellen erfasst wird. Die Speicherung der Zahlungsdetails und weiterer Angaben – etwa zu den zurückgelegten Strecken – sollte ausschließlich in der OBU im Fahrzeug selbst erfolgen und nicht in Datenbanken des Systembetreibers. Nur in den Fällen, in denen die Maut nicht entrichtet wurde, sollte anhand des Kfz-Kennzeichens der Fahrzeughalter ermittelt werden.

Projekt Fotofahndung

Im Jahr 2006 startete das Bundeskriminalamt am Mainzer Hauptbahnhof ein groß angelegtes Projekt, mit dem die Möglichkeiten ausgetestet werden sollten, anhand von Referenzaufnahmen einzelne Personen aus einem Passantenstrom herauszufiltern. Die Projektbezeichnung »Fotofahndung« verdeutlicht, dass es sich dabei um Systeme zur automatisierten optischen Identifikation von

Passanten in Alltagssituationen handelt und nicht etwa um die Verwendung biometrischer Erkennungsverfahren bei Zugangs- oder Grenzkontrollen. Bei dem Projekt wurde getestet, ob Personen automatisch und zuverlässig mit den auf dem Markt erhältlichen Gesichtserkennungssystemen erkannt werden können. Hierzu wurden Gesichtsbilder von freiwilligen Teilnehmern aufgenommen und zum späteren Abgleich in einer Datenbank gespeichert. Die eingesetzten biometrischen Gesichtserkennungssysteme verglichen die Gesichter aus der Menge der vorbeigehenden Passanten mit diesen gespeicherten Bilddaten. Allerdings erbrachte dieser erste größere Feldversuch nur mäßige Ergebnisse – je nach Lichtverhältnissen wurden nur zehn bis sechzig Prozent der Testteilnehmer zuverlässig erkannt. Noch ist die Fotofahndung deshalb für polizeiliche Zwecke weitgehend ungeeignet, wie BKA-Chef Jörg Ziercke im Juli 2007 zugeben musste. Trotzdem ist zu befürchten, dass derartige Systeme in einigen Jahren – nach Behebung der technischen Mängel – auf breiter Basis zum Einsatz kommen werden. Aber selbst wenn eine sichere Identifizierung möglich sein sollte, wäre der Einsatz dieser Technik durch die Polizei allenfalls in solchen Fällen datenschutzrechtlich vertretbar, in denen die Voraussetzungen einer polizeilichen Fahndungsausschreibung gegeben sind.

Die Kombination von Videotechnik mit biometrischen Erkennungsmethoden ist besonders brisant, weil immer mehr öffentliche und private Institutionen und Unternehmen digitalisierte Gesichtsbilder speichern (vgl. 2.7). So sollen zukünftig bei allen Ausländern, die neu in das Ausländerzentralregister aufgenommen werden, auch digitalisierte Gesichtsbilder erfasst werden. In der Visadatei, im

Pass- und im Personalausweisregister werden zudem die bereits vorhandenen Fotos digitalisiert. Schließlich verwenden auch private Stellen digitale Gesichtsbilder zur Zugangskontrolle.

Wenn die Technik ausgereift ist, könnte die automatisierte Fotofahndung bei Demonstrationen ebenso zum Einsatz kommen wie bei der Überwachung von Passanten an beliebigen öffentlichen Orten. Es ließe sich feststellen, wer an einer Kundgebung teilgenommen hat und wer von wem begleitet wird. Ein derartiges umfassendes Überwachungssystem scheitert zwar heute noch an technischen Schwierigkeiten. Es erscheint jedoch fast sicher, dass diese Probleme in den kommenden Jahren gelöst werden können. Zudem wissen wir aus Erfahrung, dass (fast) alles, was an Überwachung möglich ist, letztlich auch gute Realisierungschancen hat.

Mit der Gesichtsidentifikation sind die zukünftigen Möglichkeiten der Auswertung von Videoaufnahmen nicht erschöpft. Videosysteme könnten die Gesichtsmimik, die Körperhaltung oder auch die Transpiration messen. So wurden an US-amerikanischen Flughäfen bereits Versuche durchgeführt, anhand dieser Merkmale potenzielle Terroristen zu erkennen. Veröffentlichungen über die Resultate sucht man allerdings bislang vergeblich.

Angesichts dieser Zukunftsperspektiven ist es grob fahrlässig, wie vielfach über die Einführung von Videoüberwachungssystemen entschieden wird. Immer wieder werden dabei Sicherheitsgewinne versprochen, die sich bei näherer Prüfung verflüchtigen. Wir sollten uns nicht scheuen, die Verantwortlichen zur Rede zu stellen. Zugleich müssen die technischen Möglichkeiten verbessert werden, den Missbrauch von Videoaufnahmen zu begrenzen. Wenn es nur um Verkehrsüberwachung oder um die Erstellung von Lagebildern geht, besteht gar keine Notwendigkeit, die aufgenommenen Personen elektronisch zu identifizieren. Hier ermöglicht es die digitale Videotechnik bereits heute, Gesichter auf Videoaufnahmen gezielt unscharf aufzunehmen. Leider wird von derartigen datenschutzfreundlichen Techniken bisher kaum Gebrauch gemacht.

2.6 Gesundheit aus dem Netz?

»Bitte suchen Sie unverzüglich einen Arzt auf. Ihre Blutwerte haben sich besorgniserregend verschlechtert!« oder »Verringern Sie Ihren Alkoholkonsum. Andernfalls müssen Sie mit einer deutlichen Erhöhung Ihrer Versicherungsprämie rechnen.« – Vielleicht sind derartige automatisierte Warnmeldungen ja in Zukunft alltäglich, wenn erst eine umfassende elektronische medizinische Infrastruktur etabliert ist. Noch erscheinen uns derartige Szenarien ziemlich unrealistisch. Die technischen Voraussetzungen für eine umfassende Kontrolle unseres Gesundheitszustands sind jedoch bereits heute weitgehend verfügbar.

Andererseits werden medizinische Daten seit Menschengedenken besonders geschützt. Die ärztliche Schweigepflicht ist viel älter als der Datenschutz. Sie soll das Vertrauensverhältnis zwischen Arzt und Patient stärken und es ihnen ermöglichen, offen über den Gesundheitszustand zu reden, ohne dass Dritte davon Kenntnis erhalten. Schleichend hat sich allerdings der Kreis der Personen erweitert, die Gesundheitsdaten erfahren. Nicht nur das unmittelbare ärztliche Hilfspersonal und Pflegekräfte gehören dazu, sondern auch Mitarbeiter von beauftragten Labors, privatärztliche Abrechnungsstellen, kassenärztliche Vereinigungen und schließlich private und gesetzliche Krankenversicherungen (vgl. 3.7). In Krankenhäusern wird die Schweigepflicht eher institutionell verstanden, also nicht als Ausdruck des persönlichen Vertrauensverhältnisses zwischen dem Patienten und seinem Arzt. Dementsprechend erhalten im arbeitsteiligen Betrieb zwangsläufig nicht nur die behandelnden Ärzte, sondern auch andere ärztliche Mitarbeiter, Pflegekräfte und Verwaltungspersonal, Kenntnis von den Gesundheitsdaten.

Bereits seit vielen Jahren setzen Arztpraxen und andere medizinische Einrichtungen Computer ein: zur Terminkoordination, zur ärztlichen Dokumentation und zur Abrechnung erbrachter Leistungen. Nahezu jeder Arztbrief wird heute auf einem Computer erfasst, und vielfach werden auch Rezepte zunächst elektronisch ausgefüllt, ehe sie ausgedruckt und dem Patienten ausgehändigt werden. Immer wieder haben die Datenschutzaufsichtsbehörden eklatante Mängel beim Datenschutz und bei der Datensicherheit von Praxissystemen festgestellt. Wegen des Anschlusses vieler Praxissysteme an das Internet sind weitere Risiken hinzugekommen, über die sich viele Ärzte nicht annähernd bewusst sind.

Mittels Gesundheitskarte zum gläsernen Patienten?

Bringt die »elektronische Gesundheitskarte« (eGK) den gläsernen Patienten? Hat mein Arbeitgeber in Zukunft Zugriff auf meine Gesundheitsdaten? Muss ich aufgrund besonderer Risiken höhere Krankenversicherungsbeiträge zahlen? Diese Fragen werden derzeit von vielen gestellt, und sie sind berechtigt. Wenn immer mehr Gesundheitsdaten in elektronischen Systemen gespeichert werden und wenn diese Systeme zunehmend miteinander vernetzt werden, gehen damit erhebliche Risiken einher.

Die Krankenkassen verwenden seit Jahren Chipkarten, auf denen allerdings lediglich Verwaltungsdaten gespeichert werden. Die Gesundheitskarte soll zusätzlich die Einführung »telematischer medizinischer Anwendungen« unterstützen: vom elektronischen Rezept bis zur digitalen Krankenakte. Die eGK ist eines der bisher größten IT-Projekte überhaupt: Es umfasst rund 80 Millionen Versicherte, 260 Krankenversicherungen, 2200 Krankenhäuser, 21 000 Apotheken und 188 000 Ärzte.

Das elektronische Rezept soll als einzige »Pflichtanwendung« auf der eGK gespeichert werden. Alle weiteren medizinischen Daten sollen bloß auf freiwilliger Basis elektronisch verfügbar werden. Dies ist aus Datenschutzsicht zu begrüßen, denn die Versicherten können damit weitgehend selbst darüber entscheiden, welche ihrer Gesundheitsdaten aufgenommen werden. Sie entscheiden auch darüber, welche Daten der Arzt oder Apotheker erfährt.

Das Gesetz schreibt ferner vor, dass nur Angehörige des Gesundheitswesens mit elektronischem Heilberufsausweis (Health Professional Card – HPC) auf die Daten zugreifen können, und zwar im Regelfall nur dann, wenn auch die eGK vorhanden ist und der Versicherte einwilligt. Nur auf die Notfalldaten soll der Notarzt auch ohne Mitwirkung des Betroffenen zugreifen können, wenn der Betroffene die Daten nicht selbst freigeben kann. Ferner wurde der bisher auf die Arztpraxis beschränkte gesetzliche Schutz der Patientenunterlagen gegen Beschlagnahme auf alle Gesundheitsdaten ausgeweitet, die auf der eGK und in damit verbundenen Telematiksystemen gespeichert sind.

Trotzdem ist die Kritik an der Gesundheitskarte nicht verstummt: Die einen befürchten, dass die mittels der eGK erschließbaren medizinischen Daten auf Dauer nicht ausreichend gesichert bleiben. Andere hingegen – vor allem Vertreter von Kassen und Gesundheitspolitiker – bezweifeln, dass allein mittels der freiwillig von den Patienten zur Verfügung gestellten Daten die erforderlichen Qualitätsverbesserungen und Effizienzsteigerungen im Gesundheitswesen erreicht werden können.

Bei allen Erwartungen und Befürchtungen sollten die Effekte der eGK nicht überschätzt werden. Die Karte wird den behandelnden Arzt nicht einmal davon entbinden, eine Anamnese der Vorerkrankungen durchzuführen und zu klären, ob und welche Medikamente – unabhängig von den gespeicherten Daten – tatsächlich in welcher Dosierung eingenommen wurden. Vor diesem Hintergrund ist vor der Vorstellung zu warnen, dass eine Ausweitung des Pflichtbereichs den medizinischen Wert der Karte signifikant steigern würde. Was würde es zum Beispiel nützen, die Notfalldaten für obligatorisch zu erklären, wenn Versicherte nicht davon überzeugt werden können, dass sie ihre Karte auch tatsächlich mitführen? Und auch die formal lückenloseste Arzneimitteldokumentation verhindert nicht, dass der Patient sich nicht an eine Verordnung hält, indem er die verschriebenen Pillen nicht einnimmt, oder – etwa im Urlaub – Arzneimittel kauft, die nicht auf der Karte registriert werden.

Noch immer offen ist, wie und wo die eGK-Daten zukünftig verarbeitet werden. Strittig ist dabei vor allem, welche Daten auf dem Chip in der Karte und welche Daten auf Servern im Netz gespeichert werden sollen. Manchem Kritiker ist nicht wohl dabei, dass in Zukunft alle möglichen medizinischen Daten von Servern im Netz abrufbar sein sollen, auch wenn sie – derzeit noch – strikt gesetzlich geschützt sind. Sie verweisen dabei auf die Diskussion über die Daten, die bei der Autobahnmaut erhoben werden und die künftig auch entgegen allen früheren Versprechen zur Strafverfolgung verwendet werden sollen (vgl. 2.5).

Die eGK wird die in sie gesetzten Erwartungen nur erfüllen, wenn die Versicherten darauf vertrauen können, dass ihre Daten nicht in falsche Hände geraten. Andernfalls werden sie kaum bereit sein, sensible Informationen – vom Arztbrief bis zur Krankenakte – auf diese Weise verarbeiten zu lassen. Jede unzulässige oder zweckfremde Nutzung von Gesundheitsdaten würde nicht nur den unmittelbar Betroffenen schädigen, sondern auch das allgemeine Vertrauen in die Wahrung des Arztgeheimnisses untergraben.

2.7 Der vermessene Mensch – biometrische Identifikationssysteme

»Im Mittelpunkt steht der Mensch!« Politische Parteien, Gewerkschaften und Unternehmen haben sich dieses Motto schon zu eigen gemacht. Im Hinblick auf die sich immer weiter ausbreitende technologische Überwachung bekommt das Motto einen anderen Klang, denn der Mensch wird in allen seinen Eigenschaften und in seinem Verhalten immer genauer vermesssen und beobachtet.[21]

Zu den eilig nach den Anschlägen vom 11. September 2001 beschlossenen Maßnahmen (vgl. 3.5) gehört der verstärkte Einsatz biometrischer Verfahren, vor allem in Reisedokumenten. Das Wort »Biometrie« hat griechische Wurzeln: »Bios« bedeutet »Leben«, und »Metron« kennzeichnet das Maß. Biometrische Verfahren werten individuelle Eigenschaften – physiologische Charakteristika (Fingerabdruck, Gesicht, Iris) oder individuelle Verhaltensweisen (Schreibverhalten, Lippenbewegung, Stimme) – aus. Auch die in der DNA enthaltene genetische Disposition ist letztlich eine biometrische Information, auf die später ausführlicher eingegangen werden soll.

Biometrische Verfahren werden bereits seit langer Zeit eingesetzt. Seit Erfindung der Fotografie werden Gesichtsaufnahmen für Pässe verwendet – Ausweispapiere enthalten Größenangaben und Hinweise auf »besondere körperliche Merkmale«. Auch moderne biometrische Verfahren werden vorwiegend zum Zweck der Personenerkennung eingesetzt. Dabei werden die Merkmale automatisiert erfasst und ausgewertet. Zur Identifikation eignen sich solche Informationen, die weitgehend untrennbar mit der Person verknüpft sind und daher weder willentlich noch aus Versehen auf einen anderen übertragen werden können. Bisweilen werden zur Erkennung einer Person (etwa bei der Zugangskontrolle) verschiedene biometrische Merkmale kombiniert, oder es wird zusätzlich die Vorlage eines Ausweises oder die Eingabe eines Passworts verlangt.

Bei der biometrischen Erkennung werden die aktuell aufgenommenen Werte mit gespeicherten Daten (Referenzdaten) verglichen. So wird bei der Gesichtserkennung eine Digitalaufnahme mit dem hinterlegten Passfoto verglichen. Wie bei anderen technischen Verfahren gilt auch für die Biometrie: Eine völlige Sicherheit gibt es nicht, denn es geht hier immer um die Feststellung von Ähnlichkeiten, um einen bestimmten Grad an Übereinstimmung. Zudem können Messfehler und die Veränderung der körperlichen Merkmale durch Verletzung, Krankheiten oder Änderung des Aussehens die Erkennungsleistung beeinträchtigen. Schließlich kann die Qualität der jeweils herangezogenen Daten variieren (etwa abhängig von den Lichtverhältnissen oder dem Aufnahmewinkel). Wenn ein systemseitig festgelegter Schwellenwert der Übereinstimmung von aktueller Aufnahme und Referenzbild überschritten ist, gilt die Identität als gesichert. Dem Schwellenwert kommt deshalb wesentliche Bedeutung für die Sicherheit und Praktikabilität des Verfahrens zu. Ist etwa der Schwellenwert bei einer Zugangskontrolle zu hoch, werden viele Berechtigte nicht erkannt, ist er zu niedrig, werden auch Unberechtigte durchgelassen.

Die biometrischen Verfahren unterscheiden sich hinsichtlich ihrer Erkennungsleistung, der Praxistauglichkeit, der Fehleranfälligkeit, der Überwindungssicherheit und – last but not least – im Hinblick auf die Bedienerfreundlichkeit. Die in den letzten Jahren durchgeführten Tests haben verschiedene Mängel biometrischer Verfahren offenbart. Der größte Mangel betraf die Überwindungssicherheit. Kein System war gegen entsprechende Manipulationsversuche völlig sicher. Bei der Fingerabdruckerkennung waren Überwindungsversuche mit einfachen Mitteln (»Silikonfinger«) erfolgreich, die selbst geschultem Sicherheitspersonal nicht auffallen würden. Bei der Gesichtserkennung war unter bestimmten Bedingungen die Rate der Falscherkennung sehr hoch.

Einige Tests wurden vorgenommen, um die Tauglichkeit der biometrischen Verfahren für die bereits europaweit beschlossene Verwendung in elektronischen Passdokumenten zu belegen. Das Bundesinnenministerium hat die teils ernüchternden Ergebnisse lange Zeit unter Verschluss gehalten, um den Kritikern keine unerwünschte Munition zu liefern. Es fällt schwer, für diese Geheimniskrämerei Verständnis aufzubringen. Gerade bei Verfahren, die tendenziell die gesamte Bevölkerung betreffen und erhebliche Risiken für den Datenschutz mit sich bringen, muss die öffentliche Diskussion ausführlich und in voller Kenntnis aller vorhandenen Informationen geführt werden.

Auch im nicht öffentlichen Bereich werden zunehmend biometrische Verfahren verwendet, etwa bei der Zutrittskontrolle zu Sicherheitsbereichen oder bei der Identifikation von PC-Benutzern. Auch das Bezahlen an der Supermarktkasse soll künftig per Fingerabdruck möglich sein. Selbst bei Online-Verfahren – etwa bei einem internationalen Internet-Broking-Dienst – wird mittlerweile der Fingerabdruck zur Identifikation eingesetzt. An der Sinnhaftigkeit und Sicherheit derartiger Anwendungen bestehen nicht nur im Hinblick auf die Täuschungsrisiken erhebliche Zweifel.

Biometrie kann nur vorhandene und geeignete Merkmale messen. Deshalb sind mit biometrischen Verfahren auch Diskriminierungsgefahren verbunden. So können Fingerabdrücke nicht von Personen genommen werden, die aufgrund einer Behinderung oder eines Unfalls keine Finger haben. Bei bestimmten demografischen Gruppen, etwa bei jungen Frauen asiatischer Herkunft, sind die Fingerlinien zudem nur wenig ausgeprägt, weshalb auch dieser Personenkreis mit den automatisierten Verfahren nicht oder nur mit erheblichen Unsicherheiten erkannt werden kann.

Man unterscheidet zwei Arten der biometrischen Erkennung: Bei der *Verifikation* wird die Identität einer Person bestätigt oder widerlegt, also geprüft, ob die aktuell von der zu überprüfenden Person aufgenommenen und daraus errechneten Daten mit den gespeicherten Daten identisch sind (1:1-Vergleich). Bei der *Identifikation* werden die aktuell aufgenommenen Daten mit einer Vielzahl in einer Datenbank hinterlegter Datensätze abgeglichen (1:n-Vergleich).

Bereits seit langer Zeit werden Kriminellen Fingerabdrücke genommen, was zur weit verbreiteten Assoziation der Fingerabdruckspeicherung mit der Verbrechensbekämpfung beigetragen hat. Allerdings werden Fingerabdrücke zunehmend auch von anderen Personengruppen genommen, etwa von Asylsuchenden, um dadurch Personen zu identifizieren, die bereits unter einer anderen Identität Asyl beantragt haben. Die Bundesregierung und die Europäische Kommission treiben zudem die Arbeiten an einem europäischen Visainformationssystem (VIS) voran, in dem auch das digitalisierte Gesichtsbild und Fingerabdrücke von Visaantragstellern gespeichert werden sollen (auf nationaler Ebene bestehen bereits derartige Verfahren). Zudem sollen in das Ausländerzentralregister die digitalisierten Gesichtsbilder aller hier lebenden Ausländer aufgenommen werden (vgl. 3.10).

Der Biometriepass

Die wohl umfassendste Anwendung der Biometrie wird jedoch die Umgestaltung verschiedener Ausweisdokumente sein. Der Europäische Rat hat Ende 2004 die Aufnahme des Gesichtsbildes sowie von Fingerabdrücken in elektronischer Form in den Pässen und Reisedokumenten der EU-Bürger vorgeschrieben (vgl. auch 3.5). Seit November 2005 enthalten daher die neu ausgestellten deutschen Reisepässe einen RFID-Chip, auf dem zunächst das digitalisierte Gesichtsbild gespeichert wird.

Im Prinzip – so könnte man sagen – identifiziert ein biometrisches Verfahren eine Person in ähnlicher Weise, wie dies im direkten menschlichen Kontakt geschieht, allerdings auf einer objektiveren Grundlage. Warum dann die Aufregung? Die Kritik richtet sich in erster Linie dagegen, dass die biometrischen Merkmale automatisiert ausgewertet werden können und damit zusätzliche Überwachungsmöglichkeiten verbunden sind, etwa indem digitalisierte Gesichtsbilder bei der Videoüberwachung zur Personenidentifizierung verwendet werden, wie dies 2006 etwa beim Projekt »Fotofahndung« des Bundeskriminalamts (vgl. 2.5) getestet wurde. Auf die Ergebnisse darf man gespannt sein.

Die biometrischen Verfahren unterscheiden sich auch darin voneinander, ob die Referenzdaten als errechnetes Auswertungsmuster oder in Form von Rohdaten als digitales Foto gespeichert werden. So werden etwa die in den ePässen gespeicherten digitalen Gesichtsbilder und Fingerabdrücke als Images gespeichert. Dies ist datenschutzrechtlich deshalb bedeutsam, weil die Rohdaten Überschussinformationen enthalten, die zur Identifikation und zur Verifikation nicht benötigt werden. So lassen sich aus dem Gesichtsbild Rückschlüsse auf die Hautfarbe, die ethnische Zuordnung, das Alter und auch Hinweise auf den Lebenswandel der betreffenden Person ziehen. Fingerabdrücke lassen zum Beispiel erkennen, ob die betreffende Person regelmäßig schwere körperliche Arbeit verrichtet, die zu verstärkter Abnutzung der Fingerkuppen führt, und es gibt ernst zu nehmende Erkenntnisse darüber, dass sich aus ihnen auch bestimmte genetische Konstellationen ablesen lassen.

Eine besondere Gefährdung des Datenschutzes wird deshalb darin gesehen, dass biometrische Angaben nicht nur zur Personenerkennung eingesetzt werden können, sondern auch zusätzliche, höchstpersönliche Informationen enthalten. Um im Ergebnis zu einer einfachen Ja-Nein-Entscheidung zu kommen (»Handelt es sich um Person X?«), werden bei der Biometrie Daten in vergleichsweise großen Mengen erhoben, die neben dem Rückschluss auf die Identität eine Vielzahl anderer Auswertungsmöglichkeiten eröffnen. Zu Recht gibt der Grazer Rechtsphilosoph Peter Strasser zu bedenken:

»Zu befürchten steht, dass unter Umständen aus gewissen biometrischen Anzeichen, beispielsweise aus der Beschaffenheit der Iris, auf gewisse Verhaltensgewohnheiten, namentlich auf Alkohol- und Drogengenuss, geschlossen wird.« [22]

Auch weitere Schlüsse lassen sich aus biometrischen Daten ziehen, etwa auf die Stimmungslage, den Gesundheitszustand und andere psychologische Faktoren, die sich aus der Stimme und der Bewegung ableiten lassen. Schließlich ermöglichen Haar- und Barttracht oder Kopfbedeckungen (Kippa oder Kopftuch) Rückschlüsse auf die Religionszugehörigkeit. Erschwerend kommt hinzu, dass einmal erfasste Merkmale durch zukünftige Erkenntnisse etwa im Bereich der Genetik in diesem Sinne problematisch werden können, etwa wenn Zusammenhänge bestimmter Eigenschaften, zum Beispiel zwischen Fingerabdrücken und genetisch bedingten Krankheiten, entdeckt werden.

Vor diesem Hintergrund ist es mehr als ärgerlich, dass man sich ohne gründliche Diskussion dazu entschieden hat, die biometrischen Rohdaten in den ePässen zu speichern. Auf diese Weise werden Behörden in aller Welt digitalisierte Gesichtsbilder der Reisenden in bester Qualität und in Zukunft auch noch die Fingerabdruckdaten geliefert, ohne dass irgendeine Steuerungsmöglichkeit hinsichtlich ihrer weiteren Verarbeitung und Nutzung besteht. So ist es naheliegend, dass die ausgelesenen biometrischen Daten in Datenbanken staatlicher Stellen der besuchten Länder landen.

Auch bei der Biometrie ist das Phänomen zu beobachten, dass Daten, die zunächst für einen bestimmten Zweck erhoben worden sind, fast regelmäßig den Wunsch aufkommen lassen, diese auch für andere Zwecke zu verwenden. Diese Begehrlichkeit ist besonders ausgeprägt, wenn die Daten in großen, automatisch erschließbaren Datenbanksystemen gespeichert werden.

Angesichts der mit biometrischen Verfahren verbundenen Überwachungsrisiken verwundert es nicht, dass in dieser Frage zusehends Unbehagen aufkommt. Umso wichtiger ist eine breite öffentliche Diskussion vor dem weiteren Einsatz solcher Verfahren, insbesondere bei Großprojekten wie der für 2008 angekündigten Aufnahme der digitalisierten Fingerabdrücke in die Personalausweise.

2.8 Ich weiß, wer du sein wirst – die Entschlüsselung des Genoms

Es gibt wohl kaum einen Bereich der wissenschaftlichen Forschung, dessen Auswirkungen auf die informationelle Selbstbestimmung so gravierend sind wie die Genetik, denn sie beschäftigt sich mit unseren ganz persönlichen Erbinformationen.

In der molekulargenetischen Forschung haben in den letzten Jahren bahnbrechende Entwicklungen stattgefunden. Die Kartierung des menschlichen Genoms im Jahr 2000 war ein Meilenstein der Humangenetik: Die Struktur der Säurekette DNA (Desoxyribonukleinsäure) ist inzwischen weitgehend entschlüsselt. Sie enthält allerdings auch Sequenzen, bei denen ein Zusammenhang mit Erbinformationen bisher nicht festgestellt werden konnte. Während die Genfolgen, welche die eigentlichen Erbinformationen enthalten, als »codierend« bezeichnet werden, nennt man die als Zufallsfolge erscheinenden Gene »nicht codierend«. Während die codierenden Teile des Genoms nur in sehr wenigen Fällen voneinander abweichen, sind die nicht codierenden DNA-Sequenzen bei jedem Menschen einmalig. Ihre Zusammensetzung ist zudem aus der DNA der Eltern ableitbar und kann dementsprechend sowohl zur Klärung der Abstammung als auch zur Zuordnung von DNA-Spuren verwendet werden, die etwa an Tatorten von Verbrechen zurückbleiben.

Gendefekte können dazu führen, dass die betroffene

Person eine erhöhte Krankheitsanfälligkeit hat. Immer mehr solcher Krankheitsanlagen wurden inzwischen entdeckt. Diese Erkenntnisse ermöglichen die Erstellung individueller Risikoprofile. Allerdings bedeutet das Vorliegen der entsprechenden DNA-Besonderheit zumeist nur eine erhöhte Anfälligkeit. Umwelteinflüsse, Ernährung und Lebensweise haben meist einen mindestens ebenso großen Einfluss darauf, ob die Erbanlage tatsächlich zum Ausbruch der Krankheit führt oder nicht. Gleichwohl nimmt die Aussagekraft genetischer Analysen ständig zu.

Die genetischen Untersuchungen werden heute überwiegend nicht mehr als aufwändige individuelle Labortests durchgeführt, sondern mittels sogenannter Biochips, die mehrere hundert Gensequenzen in Minutenschnelle auswerten können. Damit können Genanalysen erheblich beschleunigt, auf viele gleichzeitig ablaufende Untersuchungen ausgeweitet und direkt elektronisch weiterverarbeitet werden. So verlieren praktische und finanzielle Schranken an Bedeutung, die bislang einer massenhaften Anwendung der Genomanalyse im Wege standen.

Dabei ist zwischen diagnostischen und prädiktiven Gentests zu unterscheiden. Mit diagnostischen Tests versucht man, die Ursachen einer bereits ausgebrochenen Erkrankung aufzuklären. Bei einigen Erkrankungen ist es nur mit Hilfe molekulargenetischer Methoden möglich, die zugrunde liegende Ursache zu erkennen. Prädiktive Tests zielen darauf ab, genetische Faktoren zu identifizieren, die zu einem späteren Zeitpunkt mit erhöhter Wahrscheinlichkeit zu einer Erkrankung führen können.

Gentests – Objekte der Begierde

Ein umstrittener Einsatzbereich genetischer Untersuchungen ist das Arbeitsleben. Arbeitgeber sind daran interessiert, vorzugsweise leistungsfähige und gesunde Arbeitnehmer einzustellen. Schon deshalb wird sich der Druck zur Durchführung genetischer Untersuchungen im Arbeitsleben verstärken. Zwar ist es dem Arbeitgeber gestattet, dem Bewerber Fragen zu stellen, die für den jeweiligen konkreten Arbeitsplatz relevant sind. Soweit dabei der Gesundheitszustand berührt ist, muss sich der Arbeitgeber auf Fragen nach wesentlichen Beeinträchtigungen der Leistungsfähigkeit oder des Einsatzes des Arbeitnehmers durch akute oder ansteckende Krankheiten oder nach geplanten Operationen beschränken. Das Fragerecht des Arbeitgebers umfasst jedoch regelmäßig nicht Angaben zu genetischen Dispositionen.

Ausnahmen von dieser generellen Unzulässigkeit der Verwendung prädiktiver genetischer Informationen bei Einstellungen erscheinen dem Nationalen Ethikrat in seiner Stellungnahme von 2005 lediglich bei Informationen zu solchen Krankheiten (oder der Anlage dazu) vertretbar,

»die mit überwiegender Wahrscheinlichkeit (über fünfzig Prozent) eintreten werden und deren Auswirkung auf die Arbeitsfähigkeit erheblich ist. Zum anderen sollten in zeitlicher Hinsicht nur solche Auswirkungen berücksichtigt werden können, die innerhalb eines gesetzlich oder tarifvertraglich zu definierenden Zeitraums nach der Einstellung zu erwarten sind. Als Orientierung für einen angemessenen Zeitraum könnte die übliche Probezeit von sechs Monaten dienen.«[23]

Ob sich diese Kriterien präzise bestimmen lassen, ist zu bezweifeln. Zwar gibt es bei einigen Erbkrankheiten – etwa bei der Huntington'schen Krankheit – präzise Verfahren, genetisch festzustellen, ob eine Person erkranken und daran voraussichtlich sterben wird. Allerdings kann der Zeitpunkt ihres Ausbruchs auch bei diesen Krankheiten nicht mit der geforderten Präzision prognostiziert werden. Bei den allermeisten anderen genetisch bedingten Krankheiten lassen sich nicht einmal genaue Aussagen darüber ermitteln, mit welcher Wahrscheinlichkeit sie überhaupt ausbrechen werden, vom Zeitpunkt ganz zu schweigen.

Auch Versicherungen wollen potenzielle Kunden, die ein erhöhtes individuelles Risiko aufweisen, herausfiltern. Die Konsequenz eines erhöhten Risikos könnte etwa sein, dass der Abschluss einer Kranken- oder Lebensversicherung versagt wird. Denkbar wäre auch, dass der Versicherte eine um einen besonderen Risikozuschlag erhöhte Prämie zahlen müsste.

Grundsätzlich ist es durchaus verständlich, dass Personen, die über ihr erhöhtes individuelles Risiko Bescheid wissen, nicht uneingeschränkt in jede Versicherung aufgenommen werden. Datenschutzrechtlich ist entscheidend, ob der Antragsteller bereits ein Gentestergebnis kennt oder ob kein Gentest durchgeführt wurde. Eine generelle Offenbarungspflicht hinsichtlich bereits vorliegender Ergebnisse durchgeführter Gentests würde unverhältnismäßig massiv in das informationelle Selbstbestimmungsrecht eingreifen. Andererseits könnte gerade bei sehr hohen Lebensversicherungssummen die Frage berechtigt sein, ob der Antragsteller davon Kenntnis hat, dass er mit hoher Wahrscheinlichkeit bald an einer tödlichen Krankheit

sterben wird. Hier muss es einen fairen Interessenaus-
gleich geben. So wäre es vertretbar, dass ein Antragsteller
der Versicherung eine negative, durch einen Gentest er-
mittelte Prognose bei einer ungewöhnlich hohen Ver-
sicherungssumme mitzuteilen hat.

Inakzeptabel wäre es hingegen, wenn Versicherungsun-
ternehmen den Vertragsabschluss von der Durchführung
eines Gentests abhängig machen würden. Interessenten
für den Abschluss einer Versicherung würden in dieser
Situation vor die Wahl gestellt, entweder einen Gentest
durchführen zu lassen und auf diese Weise ihr »Recht auf
Nichtwissen« einzubüßen oder auf die Versicherung zu
verzichten. Zudem wäre zu befürchten, dass die Nutzung
von genetischen Testverfahren im Versicherungswesen
selbst dann zu einer »genetischen Diskriminierung« von
Bewerbern führen könnte, wenn nur geringfügige genetische Belastungen vorliegen.

Auch Probenbanken, in denen biologische Stoffe auf-
bewahrt werden, werfen Datenschutzfragen auf. So werden von Neugeborenen in einigen Bundesländern bereits
seit Jahrzehnten Restblutproben verwahrt, die zur Durchführung von DNA-Tests verwendet werden könnten, auch
wenn zum Zeitpunkt der Probenentnahme niemand etwas von dieser Möglichkeit ahnte. Durch ihre genetische
Auswertung könnte eine flächendeckende Gendatenbank
entstehen. Eine abwegige Vorstellung? Nicht abwegig genug, dass nicht jemand auf eine entsprechende Idee kommen könnte. So hat der Leiter der Hamburger Rechtsme-
dizin, Professor Dr. Klaus Püschel, auf einem Hamburger
Rechtsmedizinkongress 2005 gefordert, den genetischen
Code aller Menschen bereits bei der Geburt festzustellen
und abzuspeichern. Gentests sollten laut Püschel nicht

nur zur Aufklärung von schweren Straftaten wie Tötungs-
delikten oder Entführungen erlaubt sein, sondern zum
Beispiel bereits bei einem Einbruch.[24] Über eine derartige
Position eines Wissenschaftlers müsste man eigentlich
nur den Kopf schütteln, wenn der Vorstoß nicht auch von
einigen Politikern positiv aufgegriffen worden wäre. So
berichtete die Tageszeitung *taz* wenige Tage später darüber, in Hamburgs Justizbehörde gebe es »Sympathie für
den Vorschlag, [der] nicht vorschnell vom Tisch gewischt,
sondern ergebnisoffen diskutiert werden« müsse.

Die Politik hat aus der Brisanz der Entwicklungen in
der Humangenetik nicht die erforderlichen Konsequenzen
gezogen. Auch wenn sich alle Parteien öffentlich zur Notwendigkeit einer Regelung über die Verwendung genetischer Daten bekannt haben, ist ein entsprechendes Gesetz
immer noch nicht auf den Weg gebracht worden. Angesichts der Problematik genetischer Daten hätte es schwerwiegende Konsequenzen, diese Frage weiterhin allein den
Marktkräften zu überlassen. Es bleibt deshalb zu hoffen,
dass die Bundesregierung und der Bundestag durch ein
Gentestgesetz endlich angemessene und klare rechtliche
Vorgaben für genetische Untersuchungen setzen.

Genetischer Vaterschaftstest: Aus für »Kuckuckskinder«?

Dass Väter von sogenannten »Kuckuckskindern« (Kinder, bei denen trotz rechtlich festgestellter Vaterschaft das
Kind biologisch von einem anderen Vater abstammt) ein
Interesse an der Klärung ihrer Vaterschaft und damit an
der Kontrolle ihrer (ehemaligen) Partnerin haben, ist tag-
tägliche Erfahrung von Familiengerichten. Viele Genla-

bors haben erkannt, dass sich hier schnell gutes Geld verdienen lässt. Viele Vaterschaftstests werden heimlich, das heißt ohne Wissen der Kindesmutter und des Kindes, durchgeführt. Eine kurze Suche im Internet ergibt eine Vielzahl von Anbietern, von denen die günstigsten ihre Dienste bereits zu einem Preis ab 130 € je Test offerieren: »Schnell, sicher und diskret«. Die versprochene Diskretion ist von besonderer Bedeutung, denn derartige Tests finden in einer rechtlichen Grauzone statt.

2005 entschied der Bundesgerichtshof, dass heimlich durchgeführte Vaterschaftstests nicht in Verfahren zur Anfechtung der Vaterschaft verwendet werden dürfen. Nur wenn für Vaterschaftstests ein angemessener Rechtsrahmen geschaffen werde, könnten alle Beteiligten sicher sein, dass ihre berechtigten Interessen gewahrt werden. Diese Entscheidung wurde vom Bundesverfassungsgericht bestätigt. Dieses stellte Anfang 2007[25] fest, dass es dem Grundgesetz entspricht,

»wenn die Gerichte die Verwertung heimlich eingeholter genetischer Abstammungsgutachten wegen Verletzung des von Art. 2 Abs. 1 i. V. m. Art. 1 Abs. 1 GG geschützten Rechts des betroffenen Kindes auf informationelle Selbstbestimmung als Beweismittel ablehnen«.

Es hat jedoch den Gesetzgeber beauftragt,

»zur Verwirklichung des Rechts des rechtlichen Vaters auf Kenntnis der Abstammung seines Kindes von ihm (Art. 2 Abs. 1 i. V. m. Art. 1 Abs. 1 GG) ein geeignetes Verfahren allein zur Feststellung der Vaterschaft bereitzustellen«.

Dieses Urteil stärkt also einerseits das Recht auf informationelle Selbstbestimmung des Kindes und der Kindesmutter, wird jedoch andererseits auch den Interessen der (vermeintlichen) Väter gerecht. Jede andere Entscheidung hätte gravierende Nachteile gehabt: Hätte das Gericht die Verwertung heimlicher genetischer Vaterschaftstests zugelassen, wären heimliche Gentests in anderen Lebensbereichen (zum Beispiel Versicherungen und Arbeitsverhältnisse), in denen sich widerstrebende, für sich genommen aber legitime Interessen gegenüberstehen, ebenfalls kaum noch zu verhindern gewesen. Ohne den Auftrag an den Gesetzgeber, die Hürden für genetische Vaterschaftsfeststellungen zu senken, wäre das Recht der Väter, gesicherte Kenntnis darüber zu erhalten, ob ihr Kind genetisch tatsächlich von ihnen abstammt, weiterhin auf unzumutbare Weise beeinträchtigt worden. Eine wahrhaft salomonische Entscheidung!

Eindeutig identifiziert: DNA-Identitätsfeststellung

Die »DNA-Identitätsfeststellung« soll die Frage beantworten, ob – etwa an Tatorten vorgefundenes – Zellmaterial (zum Beispiel Haare, Hautpartikel, Speichelreste) zu einer Person passt. In den letzten Jahren konnten viele schwere Straftaten durch diese Methode aufgeklärt werden. Besonders spektakulär war der Fall des Münchner Modeschöpfers Rudolph Moshammer, dessen Mörder im Jahr 2005 aufgrund von DNA-Spuren an einem als Tatwaffe verwendeten Kabel bereits nach wenigen Tagen überführt werden konnte.

Diesem Verfahren kommt zunehmende Bedeutung zu, weil die Analysemethoden immer leistungsfähiger werden. Selbst Zellmaterial von viele Jahre zurückliegenden Verbrechen lassen sich inzwischen auswerten, weil heute sogar rudimentäre Tatortspuren eindeutig zugeordnet werden können.

Auch wenn bei der DNA-Identitätsfeststellung die nicht codierenden Teile des Genoms verwendet werden (siehe oben), sind auch diese Gentests nicht mit einem Fingerabdruck gleichzusetzen. Eine solche Gleichsetzung verbietet sich schon deshalb, weil das Aussagepotenzial des DNA-Probenmaterials ungleich größer ist. Bereits nach dem heutigen Stand der Technik sind selbst bei der Analyse des nicht codierenden DNA-Bereichs Rückschlüsse auf personenbezogene Merkmale wie Geschlecht, Alter, gewisse Krankheiten oder die Zuordnung zu bestimmten Ethnien möglich. Anders als beim Fingerabdruck können – wie beim Vaterschaftstest – auch Rückschlüsse auf genetische Verwandte des Betroffenen gezogen werden, etwa auf Eltern, Kinder, Geschwister. Gegen eine Gleichstellung der DNA-Analyse mit einem herkömmlichen Fingerabdruck sprechen aber noch andere gewichtige Gründe: Zunächst ist das Gefährdungspotenzial zu nennen, das dem Verfahren innewohnt. Sobald die Körperzellen für die DNA-Untersuchung in die damit beauftragten Labors gelangen, besteht die Gefahr, dass dort missbräuchlich auch die codierenden Teile der in den Zellen enthaltenen DNA untersucht und somit Rückschlüsse auf Persönlichkeitsmerkmale und Veranlagungen gezogen werden. Erst nachdem das Identifizierungsmuster erstellt, in der DNA-Datenbank beim Bundeskriminalamt gespeichert und das untersuchte Körpermaterial vernichtet ist, besteht diese Gefahr nicht mehr.

Die Regelungen der Strafprozessordnung zur Verwendung der DNA-Identitätsfeststellung wurden seit ihrer Einführung 1997 sechsmal verändert. Überwiegend ging es dabei um Erweiterungen des Anwendungsbereichs und um die Absenkung der Hürden zum Einsatz derartiger Tests. Inzwischen ist in laufenden Ermittlungsverfahren die molekulargenetische Untersuchung bei jeder Art von Straftaten zulässig. Grundsätzlich muss dies allerdings von einem Richter angeordnet werden (sogenannter Richtervorbehalt). DNA-Identitätsfeststellungen dürfen in künftigen Strafverfahren nicht nur bei schweren Straftaten durchgeführt werden, sondern bereits bei wiederholter Begehung weniger schwerer Straftaten (zum Beispiel Sachbeschädigung, Hausfriedensbruch), »wenn dies im Unrechtsgehalt einer Straftat von erheblicher Bedeutung gleichsteht«. Die Identitätsfeststellung für künftige Straftaten führt regelmäßig dazu, dass das DNA-Identifizierungsmuster in einer zentralen DNA-Analyse-Datei gespeichert wird, die dem BKA untersteht.

Gentests sollen nicht nur Verdächtige einer Straftat überführen. Auch bei der Aufklärung von schweren Verbrechen, bei denen nur eine sehr grobe Eingrenzung des Täterkreises möglich ist, werden Gentests verwendet. Die anhand bestimmter Kriterien definierten Betroffenen (etwa »alle männlichen Bewohner des Ortes« oder »alle Besitzer eines blauen PKW im Alter zwischen zwanzig und dreißig Jahren«) werden zu einem Gentest »eingeladen«. Da gegen sie nicht einmal ein Anfangsverdacht vorliegt, ist die Teilnahme freiwillig. Massentests sind trotzdem mit erheblichem psychosozialem Druck verbunden, denn wer nicht teilnimmt, macht sich verdächtig. Deshalb war es eine richtige Entscheidung, dass auch für Massengentests ein gesetzlicher Rahmen geschaffen wurde.

Massengentests sind danach nur bei schweren Verbrechen zulässig und müssen durch einen Richter angeordnet werden. Die Daten sind unverzüglich zu löschen, wenn sie zur Aufklärung nicht mehr erforderlich sind, und dürfen nicht in der DNA-Datei beim BKA gespeichert werden.

Es ist absehbar, dass in Zukunft auch der codierende Bereich der DNA für die Strafverfolgung ausgewertet wird. So beschäftigen sich verschiedene Forschungsprojekte mit der Erstellung von DNA-Phantombildern. So können bestimmte Augen- und die Haarfarben bereits jetzt mit einer gewissen Wahrscheinlichkeit ermittelt werden. Auch andere äußere Merkmale könnten künftig auf Basis des Erbguts rekonstruiert werden. In den Niederlanden wurden deshalb die gesetzlichen Rahmenbedingungen für die Nutzung von DNA-Tests in der Strafverfolgung gelockert, um auch äußere Merkmale aus Erbgutresten zu erschließen und diese Informationen für Fahndungszwecke zu verwenden. Allerdings sind bislang keine Fälle bekannt, bei denen diese neuartigen Methoden der Erbgutanalyse praktisch zum Einsatz kamen.

3   Big Brother? Der Bürger
im Blickfeld des Staates

Die meisten Staaten der Erde haben in den letzten Jahren die Privatsphäre ihrer Bürger immer weiter eingeschränkt. Die Begründungen folgten dabei stets dem gleichen Muster: Unbeobachtete Freiräume werden von Terroristen, Kriminellen und anderen bösen Menschen ausgenutzt. Deshalb müssen mehr Daten erfasst, auch die letzten Winkel ausgeleuchtet oder im wahrsten Wortsinne »erschnüffelt« werden. Solange es noch irgendwelche Bereiche gibt, in denen staatliche Mikrofone, Kameras oder Sensoren nicht eingesetzt werden dürfen, könnten hier schlimmste Verbrechen ausgeheckt werden. Folgt man dieser Argumentation, sind der Überwachung keine Grenzen gesetzt. Dieser Maßlosigkeit des Staates muss sich die Gesellschaft entgegenstellen.

George Orwell schrieb unter dem Eindruck der totalitären Systeme des Faschismus und des Stalinismus in den Vierzigerjahren sein Werk »1984«. Es handelt von einen Staat, der mit technischen Hilfsmitteln eine – beinahe – totale Kontrolle ausübt. Sein Werk war ein Beitrag zur politischen Auseinandersetzung mit den totalitären Regimen und Ideologien des 20. Jahrhunderts, in denen die Menschenwürde keine Rolle spielte. »1984« ist bis heute das literarische Symbol für die Gefahren des Überwachungsstaats.

Orwells Horrorvision ist mehr als ein halbes Jahrhundert alt – ist sie deshalb aber nicht mehr aktuell? Mittlerweile verbindet sich mit »1984« nicht mehr durchgängig die Vorstellung, dass es sich dabei um eine Beschreibung von Gefahren handelt. Während bei Orwell der »Big Brother« den allwissenden totalitären Staat repräsentiert, führt uns eine gleichnamige Realityshow im Fernsehen den überwiegend langweiligen Tagesablauf von Menschen vor, die sich – gegen Entgelt – über Wochen und Monate in einen »Container« begeben und sich für die Fernsehöffentlichkeit Tag und Nacht von Kameras überwachen lassen. Big Brother sind wir alle – so lautet die gar nicht so versteckte Botschaft –, und wir beobachten uns selbst und finden dies auch noch interessant.

Von besonderer Bedeutung ist bei der Orwell'schen Vision die Verknüpfung von totalitärem Staat und technischer Überwachung. Orwell warnte nicht vor der Technologie an sich, sondern vor der Gefährdung der Demokratie und der Selbstbestimmung durch totalitäre Ideologien und Mächte, die sich der Überwachungstechnik bedienen könnten – eine Befürchtung, die bis heute ihre Berechtigung hat.

Heute stehen weitaus mehr und sicherlich auch effektivere Überwachungstechniken zur Verfügung, als im Jahr 1948 für »1984« befürchtet wurde. Orwells Vision hat sich hingegen in Bezug auf die gesellschaftliche Entwicklung zum Glück nicht bewahrheitet. Die Demokratie ist heute weltweit wesentlich weiter verbreitet als damals. Demokratie bedeutet stets auch Begrenzung staatlicher Macht, Schutz von Menschenwürde und Privatsphäre. Allerdings findet auch in der Demokratie heute zunehmend Überwachung statt, und Mehrheiten der Bevölkerung sind allzu häufig bereit, zugunsten von mehr Sicherheit auf Freiheitsrechte zu verzichten und Einschränkungen der Privatsphäre in Kauf zu nehmen – etwa nach den Terroranschlägen vom 11. September 2001 (vgl. 3.5).

Ohne eine Vielzahl von Daten würde kein moderner Staat funktionieren. Da der Staat nicht mehr – wie bis in das Mittelalter hinein – im Wesentlichen Ausdruck persönlicher Abhängigkeiten ist, musste er seine Beziehungen zu den Bürgern auf eine objektive Basis stellen. Er ist hinsichtlich seiner Finanzbeziehungen (Steuererhebung, Ausgabenbewirtschaftung) zunehmend auf Informationen angewiesen. Dass die gesammelten Daten auch dokumentiert werden, drückt sich im Grundsatz der Schriftlichkeit der Verwaltung aus. Indem staatliches Walten und Gestalten in Akten zusammengefasst und archiviert wurde, konnten sich moderne Bürokratien herausbilden. Auch dies drückt das Streben nach Objektivität aus, selbst wenn die infolgedessen dokumentierten Maßnahmen vielfach ein hohes Maß an Willkür aufwiesen.

Von der Ausstellung der Geburtsurkunde bis zum Totenschein – das gesamte Leben wird zunehmend erfasst und dokumentiert in Urkunden (»Von der Wiege bis zur Bahre – Formulare, Formulare«), Zeugnissen und Bescheinigungen. Bereits geraume Zeit vor der flächendeckenden Einführung der Computertechnologie wurden wir zudem nicht nur unter unserem Namen, sondern unter verschiedensten Registriernummern verzeichnet: Rentenversicherungsnummer, Immatrikulationsnummer, Kontonummer, Telefonnummer.

Die Herausbildung des Meldewesens – eine im internationalen Vergleich bis zum heutigen Tag keineswegs selbstverständliche Angelegenheit – begann bereits im Spätmittelalter. Vor allem Städte installierten umfangreiche Systeme, durch die vorwiegend Zugereiste registriert wurden (vgl. 2.1). Zunächst beschränkte sich auch das »Allgemeine Paß-Edikt für die Preußische Monarchie« von 1817 auf eine Meldepflicht zur Aufsicht über Ausländer in Gasthöfen und Herbergen. Ab 1842 musste sich jeder neu Hinzugezogene bei der Polizeibehörde des jeweiligen Ortes melden und seine persönlichen Verhältnisse offenlegen. Allmählich wurden diese Ansätze einer allgemeinen Meldepflicht auf das gesamte Deutsche Reich übertragen und schließlich unter dem NS-Regime 1938 mit einer Reichsmeldeverordnung perfektioniert.

Staatliche Tätigkeit ist heute mehr denn je Umgang mit Daten und Informationen. Die vom Staat übernommenen Aufgaben spiegeln sich in umfangreichen Datenbeständen. Dabei geht es schon lange nicht mehr nur um die klassische staatliche Aufgabe der Aufrechterhaltung der »öffentlichen Sicherheit und Ordnung«. Praktisch alle gesellschaftlichen Bereiche sind heute mit staatlichem Handeln verknüpft, vom Gesundheitswesen über die Sozialversicherung bis hin zu Bildung und Wissenschaft. Vom Staat wird erwartet, dass er für Gerechtigkeit sorgt und die Bürger vor äußeren Bedrohungen schützt. Er fördert die Kultur und reguliert die Medien und vieles mehr.

Die Bürger treten dabei dem Staat in unterschiedlichen Rollen gegenüber. Als Wähler entscheiden sie über Parlamente und Regierungen und nehmen so Einfluss auf Sachentscheidungen. Als Zuwendungsempfänger nehmen sie materielle Leistungen in Anspruch. Als Verkehrsteilnehmer benutzen sie öffentliche Wege und beanspruchen dabei vom Staat die Gewährleistung der Verkehrssicherheit. Als einer Straftat Verdächtige stehen sie im Visier der

Strafverfolgungsbehörden. Als Steuerzahler und Sozialversicherungspflichtige finanzieren sie das Gemeinwesen usw. Vor diesem Hintergrund erscheint es doch etwas verkürzt, wenn sich manche eGovernment-Konzepte allein darum drehen, die Bürger nur als »Kunden« zu sehen, die man möglichst kostengünstig und schnell mit Leistungen zu versorgen hat, während Fragen der Transparenz, der Mitwirkungsmöglichkeiten und des Datenschutzes in den Hintergrund treten (vgl. 3.9).

Der Staat muss in der Demokratie Recht und Gesetz beachten und wird durch unabhängige Gerichte kontrolliert. Alle Bürger können sich auf Grundrechte berufen, die der Staat zu respektieren hat. Sie wurden dem Volk vom Staat nicht gnadenhalber gewährt, sondern in einem langen Prozess erstritten. Zum modernen, mit vielfältigen Informationen über seine Bürger umgehenden demokratischen Staat gehört auch das Grundrecht auf informationelle Selbstbestimmung, wie es das Bundesverfassungsgericht aus dem allgemeinen Persönlichkeitsrecht und der Menschenwürde abgeleitet hat (vgl. 3.1).

Es ist eine fatale Tendenz, dass staatliche Stellen die Bürger zunehmend als Risikofaktoren, potenzielle Regelverletzer oder gar Straftäter ansehen. Je mehr der Staat die Bürger überwacht, desto schlechter ist es um den Datenschutz und damit letztlich auch um die Freiheit insgesamt bestellt. Andererseits ist aber auch richtig, dass es Freiheit nur geben kann, wenn die Bürger vor Kriminalität, Terrorismus und anderen – auch sozialen – Bedrohungen angemessen geschützt werden. Sicherheit und Freiheit stehen in einer komplizierten Beziehung, die immer wieder zu vielfältigen Erklärungsversuchen Anlass gab. Im Ergebnis spricht vieles für die Benjamin Franklin zugeschriebene These aus dem Jahr 1775:

»Wer grundlegende Freiheiten aufgibt, um vorübergehend ein wenig mehr Sicherheit zu gewinnen, verdient weder Freiheit noch Sicherheit.«

Im Folgenden sollen wichtige Bereiche staatlichen Handelns, in denen dem Umgang mit personenbezogenen Daten besondere Bedeutung zukam bzw. zukommt, einer näheren Betrachtung unterzogen werden.

3.1 Heute schon gezählt?
Die Volkszählungsdebatte

Volkszählungen gibt es seit biblischen Zeiten. Nicht immer ging es dabei bloß um die Ermittlung demografischer Angaben, etwa für Zwecke der Steuererhebung. Bisweilen wurden Volkszählungen auch zur Vorbereitung von Unterdrückungsmaßnahmen genutzt, von der Volkszählung des Herodes zu Zeiten von Christi Geburt bis zur großdeutschen Volkszählung 1938/39. Die meisten Volkszählungen der Neuzeit waren jedoch rein statistische Erhebungen, die Staat und Wissenschaft mit verlässlichen statistischen Angaben versorgen sollten.

Auch das Erhebungsprogramm der für das Jahr 1983 geplanten Volkszählung ging im Wesentlichen nicht über frühere Volkszählungen hinaus. Trotzdem entwickelte sich in der Öffentlichkeit eine heftige Diskussion darüber, zu welchen Zwecken der Staat die Daten »wirklich« erheben wolle und wie er mit der gewaltigen Datenmenge umgehen würde. Bisweilen gingen die Vermutungen sogar so weit, dass man den Statistikern unterstellte, sie würden die erhobenen Daten nach Abschluss der Zählung direkt an den Verfassungsschutz weiterleiten, damit dieser sie für eine lückenlose Erfassung aller mutmaßlichen Verfassungsfeinde verwenden könne. Dieser »Durchleuchtung« stellten sich breite Teile der Öffentlichkeit entschieden entgegen.

Die Aufgeregtheit der damaligen Diskussion lässt sich heute nur noch schwer nachvollziehen, vor allem wenn man die um ein Vielfaches größeren Datenmengen bedenkt, die heute von staatlichen und privaten Stellen erhoben und verarbeitet werden. Die Erregung lässt sich auch nicht allein aus dem Erhebungsprogramm erklären. Vielmehr wurde die Volkszählung von einer kritischen Öffentlichkeit als Fortsetzung einer »Datensammelwut« gesehen, die der Staat bei der Bekämpfung der »Rote-Armee-Fraktion« (RAF) in den Siebzigerjahren an den Tag gelegt hatte. Hinzu kam, dass sich die Medien Anfang der Achtzigerjahre ausführlich mit den Möglichkeiten beschäftigten, Daten automatisiert zu erfassen und auszuwerten. Die Datenverarbeitung fand damals vornehmlich in großen Rechenzentren statt, die von staatlichen Stellen und von Großunternehmen betrieben wurden. Die Bewegung gegen die Volkszählung, deren Umfang offenbar selbst die Initiatoren überraschte, war insofern eher ein Kristallisationspunkt eines allgemeinen Unbehagens gegenüber den Gefahren von Überwachung als eine wohl durchdachte oder gar geplante Auseinandersetzung mit dem konkreten Vorhaben.

Die Debatte hatte nicht nur zum Ergebnis, Fragen des Datenschutzes in bis dahin ungekanntem Ausmaß in das

Bewusstsein der Öffentlichkeit zu rücken. Sie führte auch zu der Entscheidung des Bundesverfassungsgerichts, die als »Volkszählungsurteil« den rechtlichen Rahmen für den Umgang mit personenbezogenen Daten in Deutschland bis heute prägt.

Volkszählungsurteil des Bundesverfassungsgerichts

In dem Urteil vom 15. Dezember 1983[26] stellte das Bundesverfassungsgericht fest, dass das Volkszählungsgesetz teilweise nicht verfassungsgemäß war. Insbesondere verstießen die Regelungen, nach denen die bei der Zählung festgestellten Adressdaten an Meldebehörden weitergegeben und von diesen zur Aktualisierung der Melderegister verwendet werden durften, gegen das Grundgesetz.

Besonders nachhaltige Wirkungen entfalteten die grundsätzlichen Ausführungen des Gerichts zum Datenschutz. So spricht das Bundesverfassungsgericht erstmals vom »Grundrecht auf informationelle Selbstbestimmung«:

»Unter den Bedingungen der modernen Datenverarbeitung wird der Schutz des Einzelnen gegen unbegrenzte Erhebung, Speicherung, Verwendung und Weitergabe seiner persönlichen Daten von dem allgemeinen Persönlichkeitsrecht des Artikel 2 Absatz 1 Grundgesetz in Verbindung mit Artikel 1 Absatz 1 Grundgesetz [der Menschenwürde] umfasst. Das Grundrecht gewährleistet insoweit die Befugnis des Einzelnen, grundsätzlich selbst über die Preisgabe und Verwendung seiner persönlichen Daten zu bestimmen.«

Das Urteil wirkte wie ein Paukenschlag mit erheblichen Auswirkungen auf alle Formen des Umgangs mit personenbezogenen Daten. Wenn der Einzelne davor geschützt werden muss, dass seine persönlichen Daten unbegrenzt »erhoben, gespeichert, verwendet und weitergegeben werden«, dann galt dieser Verfassungsgrundsatz fortan für jede staatliche Datenverarbeitung. Damit nicht genug: Dieser Verfassungsgrundsatz wirkt sich auch auf den Umgang von Unternehmen mit personenbezogenen Daten aus.

Bei der Verarbeitung müssen die jeweiligen Missbrauchsrisiken berücksichtigt werden. Dabei können auch Daten, die für sich genommen als belanglos erscheinen, in anderen Zusammenhängen durchaus bedeutsam werden. Deshalb gebe es »unter den Bedingungen der automatischen Datenverarbeitung... insoweit kein belangloses Datum mehr«, so das Gericht. Damit räumte das Verfassungsgericht mit der falschen Vorstellung auf, es gebe »freie« Daten, die nicht schützenswert seien und deshalb frei von allen Datenschutzregeln genutzt werden dürften. Das Gericht erinnerte daran, dass der Missbrauch von Daten, die wenig sensibel erscheinen, in bestimmten Kontexten die Persönlichkeitsrechte erheblich beeinträchtigen könnte. So ist die Angabe des Geschlechts bei Transsexuellen höchst schützenswert; das Gleiche gilt auch für Adressen von adoptierten Kindern oder von Personen, deren Leben und körperliche Unversehrtheit durch ein Zeugenschutzprogramm gewährleistet werden soll.

Weil es sich beim Datenschutz um ein Grundrecht handelt, kann es nur durch ein Gesetz eingeschränkt werden, das bestimmten Anforderungen genügt: Die Erhebung und Verarbeitung muss im überwiegenden Allgemeininteresse liegen, die Voraussetzungen und der Umfang der Datenverarbeitung müssen für den Bürger nachvollziehbar geregelt werden, und schließlich muss der Grundsatz der Verhältnismäßigkeit beachtet werden. Dies bedeutet, dass nur Daten erhoben werden dürfen, soweit sie für die Erfüllung der Fachaufgabe erforderlich sind – die bloße Nützlichkeit von Daten (»nice to have«) reicht nicht aus. Schließlich muss ihre weitere Verwendung grundsätzlich auf den ursprünglichen Zweck begrenzt bleiben.

In einer Vielzahl weiterer Entscheidungen hat das Bundesverfassungsgericht das anfangs umstrittene Recht auf informationelle Selbstbestimmung bestätigt, weiter ausgebaut und verfeinert. Auf einige dieser Entscheidungen – etwa zum »Großen Lauschangriff« – wird später noch einmal einzugehen sein (vgl. 3.2).

Datenschutz in der Verrechtlichungsfalle

Das Volkszählungsurteil hat den Datenschutz jedoch nicht nur nachhaltig gestärkt. Wegen des Gesetzesvorbehalts bei jeder staatlichen Datenerhebung und -verarbeitung war es zwar konsequent, dass nun in vielen Bereichen gesetzgeberische Aktivitäten entfaltet wurden, mit denen man den Umgang mit personenbezogenen Daten regelte. Dem Gesetzgeber ging es dabei allerdings häufig weniger darum, den Umfang der Verarbeitung zu beschränken. Im Vordergrund stand vielmehr allzu oft die gesetzliche Absicherung der behördlichen Praxis oder sogar die Schaffung von zusätzlichen Verarbeitungsbefugnissen. In dieser Beziehung waren die Folgen des Volkszählungsurteils also eher ernüchternd. Viele Verantwortliche in Verwaltung und Politik scheinen die Kernbotschaft des

Bundesverfassungsgerichts grob missverstanden zu haben, die darin besteht, den Menschen vor einer ausufernden Verarbeitung seiner Daten und vor unangemessener Überwachung zu schützen.

Im Ergebnis explodierte der Umfang gesetzlicher »Datenschutzregeln« geradezu. Statt die Behörden zu einer kritischen Überprüfung ihrer Praxis zu veranlassen, wurde bei diesen erhebliche schöpferische Phantasie freigesetzt, wenn es darum ging, die Gesetze um die Praxis herum zu formulieren und diese dadurch abzusichern. Kritiker dieser Entwicklung sprechen zu Recht davon, dass der Datenschutz in eine »Verrechtlichungsfalle« getappt sei, und sehen teils sogar im Rückblick einen »Pyrrhussieg des Datenschutzes« (Simitis).

Die formale Verrechtlichung des Datenschutzes hat zur Konsequenz, dass es heute praktisch niemanden gibt, der auch nur die genaue Zahl der datenschutzrechtlichen Bestimmungen von Bund und Ländern kennt, die seither in Gesetzen und Verordnungen Eingang gefunden haben. Die Verrechtlichung hat ferner dazu geführt, dass im Gesetzesvollzug häufig nicht nach Sinn, Zweck und Angemessenheit der Datenverarbeitung gefragt wird. Vielmehr konzentrieren sich die Verantwortlichen auf die Suche nach einer »passenden« Norm, die sich zumeist auch irgendwo findet. Wenn diese Suche trotz allen Bemühens erfolglos bleibt, gibt es im Prinzip zwei Reaktionsmuster: Entweder wird eine solche Norm nun geschaffen (»Hier ist der Gesetzgeber gefragt«), oder man beklagt: »Der Datenschutz verhindert wieder einmal...« – wobei nicht einmal hinterfragt wird, ob sich der angestrebte Zweck vielleicht auch auf anderem Wege, also ohne oder mit weniger Daten, erreichen ließe.

Auch für die Betroffenen bringt diese Regelungsflut erhebliche Schwierigkeiten mit sich. Sie wissen nicht mehr, in welchem Gesetz jeweils die einschlägigen datenschutzrechtlichen Rechte und Pflichten zu finden sind. Wenn die Suche schließlich doch noch eine passende Spezialbestimmung zutage gefördert hat, bleibt diese zumindest für Nichtjuristen oft vom Wortlaut und vom Inhalt her unverständlich. Dies führt letztlich dazu, dass die Betroffenen, um deren Schutz es eigentlich geht, ihre Rechte nur unvollkommen wahrnehmen.

Das Volkszählungsurteil stoppte nicht nur die Volkszählung, sondern es wirkte in der Folgezeit auch politisch befriedend: Indem das höchste deutsche Gericht den Volkszählungskritikern recht gab, nahm es zugleich manchen der von ihnen vorgebrachten Argumenten den Wind aus den Segeln. Ein Überwachungsstaat hätte sich eben nicht durch eine bloße Gerichtsentscheidung stoppen lassen. Ein totalitäres System hätte Mittel und Wege gefunden, ein derart zentrales Projekt (als solches wurde die Volkszählung ja von vielen Kritikern gesehen) brachial durchzusetzen. Das Volkszählungsurteil lieferte damit einen Beleg dafür, dass es sich bei der Bundesrepublik Deutschland eben nicht um einen totalitären Überwachungsstaat handelte, sondern um ein demokratisches System, in dem Gerichte über die Einhaltung von Bürgerrechten wachen und sogar den Gesetzgeber bisweilen korrigieren. Wenn man bedenkt, dass ein großer Teil der Aktivisten der Anti-Volkszählungs-Bewegung aus den Kreisen der staatskritischen ehemaligen »68er«-Bewegung stammte, kann man die Bedeutung der Volkszählungsentscheidung für deren Integration in die bürgerliche bundesrepublikanische Gesellschaft kaum überschätzen.

Trotz der beschriebenen Tendenz, das Volkszählungsurteil in erster Linie formal im Sinne der Verrechtlichung
der Datenverarbeitung umzusetzen, hat es doch in ge-
wissem Umfang ein (häufig leider nur vorübergehendes)
Umdenken in Behördenspitzen bewirkt. So wurde Mitte
der Achtzigerjahre in vielen Ämtern die bis dahin vor-
herrschende Vorstellung in Frage gestellt, immer mehr
Daten würden automatisch zu immer besseren Ergeb-
nissen führen. Infolgedessen wurden viele Datensammlungen von Polizei- und Verfassungsschutzbehörden in
dieser Zeit überprüft und – teils erheblich – bereinigt.

In den letzten Jahren ist diese Einsicht allerdings zum
großen Teil wieder verschüttet worden. Insbesondere nach
dem 11. September 2001 scheint sich der alte Grundsatz
wieder durchgesetzt zu haben, den Erich Mielke, der eins-
tige Minister für Staatssicherheit der DDR, einmal wie
folgt formulierte: »Um sicher zu sein, muss man alles wissen.«[27]

3.2 Großer Lauschangriff

Die nächste große Datenschutzdebatte erlebte die Bundesrepublik Deutschland in den Neunzigerjahren, als
über die Einführung einer gesetzlichen Befugnis zur akustischen Wohnraumüberwachung, den »Großen Lauschangriff«, gestritten wurde. Obwohl das Abhören von
Privaträumen, »die Wanze unter dem Bett«, illegal war,
machten bundesdeutsche Behörden in Einzelfällen von
dieser Ermittlungsmethode Gebrauch. Spektakulär war
vor allem der »Fall Traube« Ende der Siebzigerjahre.
Klaus Traube war Atomphysiker, bei dem die Sicherheits-

behörden Kontakte zur RAF vermuteten. Seine Wohnung war mit Abhörmikrofonen verwanzt worden, um Näheres zu erfahren. Allerdings verliefen die Ermittlungen im Sande, und der Verdacht erhärtete sich nicht. Als immer mehr Fakten über diese Affäre ans Licht der Öffentlichkeit gelangten, reichte der damalige Bundesinnenminister Werner Maihofer (FDP), der die Abhöraktion gebilligt hatte, angesichts der empörten öffentlichen Reaktionen seinen Rücktritt ein. Kurze Zeit später erlitt Bundesverteidigungsminister Georg Leber (SPD) 1978 wegen einer von ihm mitzuverantwortenden illegalen Abhöraktion des Militärischen Abschirmdienstes (MAD) das gleiche Schicksal.

Angesichts dessen war die Neigung der Politik, sich für Abhörbefugnisse einzusetzen, zunächst nicht besonders ausgeprägt. Erst Anfang der Neunzigerjahre bemühten sich die Befürworter verstärkt um die Legalisierung des Lauschangriffs. Entsprechende Vorstöße des Bundesrats verliefen allerdings zunächst im Sande, weil sowohl die Bundesregierung unter Helmut Kohl als auch die oppositionelle SPD sich noch 1992 einer entsprechenden Verfassungsänderung verweigerten. Als die FDP – für manche überraschend – per Urabstimmung 1997 die Zulassung der akustischen Wohnraumüberwachung billigte, führte dies zum Rücktritt der liberalen Bundesjustizministerin Sabine Leutheusser-Schnarrenberger, einer erklärten Gegnerin dieser heimlichen Ermittlungsmethode. Als auch die SPD unter maßgeblicher Beteiligung ihres innenpolitischen Sprechers Otto Schily auf die Seite der Befürworter wechselte, war eine verfassungsändernde Zweidrittelmehrheit im Bundestag gesichert. Wie konnte es so weit kommen?

Die Antwort lässt sich mit einem Stichwort umschreiben: der Kampf gegen »Organisierte Kriminalität (OK)«, der seinerzeit die Diskussion über die innere Sicherheit beherrschte wie kein anderes Thema. OK umschrieb dabei eine eher diffuse Bedrohungslage, das bandenmäßige oder sonst wie organisierte Zusammenwirken von illegal operierenden Straftätern, ihrem halblegalen Umfeld und Helfershelfern in Unternehmen und Behörden. Angesichts dieser unklaren Begriffsbestimmung wurden alle möglichen Kriminalitätsbereiche der OK zugerechnet. Die Protagonisten des Lauschangriffs erwähnten allerdings nicht, dass hierbei nicht nur Straftäter, sondern auch unbescholtene Bürger in das Visier der Fahnder geraten. Der FDP-Politiker Burkhard Hirsch, selbst früher Innenminister von Nordrhein-Westfalen, beschreibt die damalige Stimmung sehr plastisch:

»Vor Einführung des sogenannten ›Großen Lauschangriffs‹ wurde auf das Parlament ein außerordentlicher Druck ausgeübt und der Eindruck erweckt, dass sich die Bundesrepublik Deutschland ohne ihn nicht mehr lange würde halten können. Man hatte den Eindruck, dass sich die Haupttäter von Mafia, Camorra und 'Ndrangheta, von den Triaden ganz zu schweigen, die wanzenfreie Bundesrepublik als Ruheraum ausgesucht hätten und sich auf den Bänken rund um die Bonner Hofgartenwiese von ihrem blutigen Handwerk ausruhten.«[28]

In diesem Klima blieben die Kritiker in der Minderheit. Mit Zustimmung der Fraktion der CDU/CSU und der Mehrheit der Abgeordneten von SPD und FDP wurde 1998 Artikel 13 des Grundgesetzes so modifiziert, dass nunmehr der »Einsatz technischer Mittel zum Abhören und Aufzeichnen des gesprochenen Wortes in Wohnungen für Zwecke der Strafverfolgung« zugelassen wurde. Der in die Strafprozessordnung eingefügte Straftatenkatalog umfasste mehr als dreißig Tatkomplexe, bei denen offenbar nur die Autoren wussten, weshalb sie alle entsprechend der Festlegung in Artikel 13 des Grundgesetzes als »besonders schwere Straftaten« zu qualifizieren waren. Nach der gesetzlichen Formel war schon der bandenmäßig verübte Fahrraddiebstahl eine Straftat, die einen Großen Lauschangriff hätte rechtfertigen können.

Die Regelungen landeten vor dem Bundesverfassungsgericht. Die Entscheidung, die das oberste deutsche Gericht schließlich am 3. März 2004 fällte, war für die Befürworter des Großen Lauschangriffs ernüchternd. Zwar beanstandete das Gericht mehrheitlich nicht den geänderten Grundgesetzartikel. Nach einhelliger Auffassung des Gerichts waren allerdings die Regelungen der Strafprozessordnung verfassungswidrig, denn – so das Hauptargument – sie enthielten keinen ausreichenden Schutz gegen Eingriffe in den absolut geschützten Kernbereich privater Lebensgestaltung.[29]

Im Sommer 2005 wurden die Vorschriften der Strafprozessordnung zur akustischen Wohnraumüberwachung neu gefasst und dabei die wesentlichen Vorgaben des Bundesverfassungsgerichts berücksichtigt. Die bedeutsamste Aussage des Bundesverfassungsgerichtsurteils scheint allerdings noch nicht vollständig bei allen Verantwortlichen angekommen zu sein: Die Vorgaben des Grundgesetzes müssen bereits in der Gesetzgebung berücksichtigt werden. Es untergräbt das Vertrauen in den Rechtsstaat, wenn weiterhin Gesetze beschlossen werden, bei denen von vornherein erkennbar ist, dass sie den verfassungsrechtlichen Vorgaben nicht genügen. Manche derjenigen, die kritisieren, das Verfassungsgericht maße sich die Rolle eines »Ersatzgesetzgebers« an, vergessen dabei, dass der Gesetzgeber das Gericht selbst in diese Rolle drängt, wenn er die Vorgaben der Verfassung nicht gebührend berücksichtigt.

3.3 Totalverlust Fernmeldegeheimnis? Überwachung der Telekommunikation

Das Fernmeldegeheimnis »darf man getrost als Totalverlust abschreiben, nachdem inzwischen buchstäblich jedes Telefonat abgehört wird, sei es – in geringerem Maße – durch legale Maßnahmen staatlicher Behörden, sei es – umfassend – durch fremde Geheimdienste.«[30]

Wir telefonieren heute digital mittels ISDN, laden Fahrpläne aus dem Internet, kommunizieren mobil mit dem Handy und probieren die neuen Dimensionen eines virtuellen »second life« aus. Ein Leben ohne (digitale) Kommunikation ist kaum mehr vorstellbar. Uns ist auch nicht bewusst, dass unsere elektronischen Lebensformen immer lückenloser überwachbar sind.

Angesichts der heutigen Möglichkeiten, elektronisch zu kommunizieren, gerät in Vergessenheit, dass noch bis Ende der Neunzigerjahre überwiegend analoge Verfahren in der Telekommunikation eingesetzt wurden. Die Analogtechnik beschränkte einerseits die Anwendungsmöglichkeiten. Andererseits hinterließen Telefonanrufe im Regelfall keine Spuren: Wenn der Telefonhörer aufgelegt war, ließ sich nicht mehr nachvollziehen, wer angerufen oder von welchem Anschluss aus die Verbindung aufgebaut worden war. Die Verbindungen wurden dabei durch elektromechanische Relais hergestellt, und lediglich durch den aufwändigen und gezielten Einsatz sogenannter »Zählvergleichseinrichtungen« konnten die Rufnummern registriert werden, die von einem Telefonanschluss aus angerufen wurden. Noch schwieriger gestalteten sich Fangschaltungen, mit denen der Ausgangspunkt eines Anrufs ermittelt werden konnte (manche älteren Krimis vermitteln einen Eindruck von dem Aufwand, der zum Beispiel mit der Rückverfolgung eines Erpresseranrufs verbunden war).

Heute stellt sich die Situation völlig anders dar. Sämtliche Verbindungen, ob aus dem Telefonfestnetz, vom Handy aus oder bei Verwendung des Internets, werden digital vermittelt. Dabei entstehen quasi beiläufig Daten darüber, wer mit wem wann unter Verwendung welcher technischen Einrichtungen kommuniziert.

Die technologische Revolution hat unser Kommunikationsverhalten umgekrempelt. Neben die klassische Telefonie ist eine Vielzahl neuer Dienste getreten, die sich noch vor wenigen Jahren kaum jemand vorstellen konnte. Handynutzung und Kurznachrichten per SMS sind aus unserem Leben nicht mehr wegzudenken. Heute gibt es bereits mehr Mobilfunk- als Festnetzanschlüsse. Hinzu kommen die Kommunikationsmöglichkeiten, die das Internet bietet, von der E-Mail über das Surfen im Web bis hin zur Internettelefonie (Voice over IP). Mit dem »Internet der Dinge«, mit dem auch Alltagsgegenstände – etwa Kühlschränke oder Heizungsanlagen – weltweit vernetzt werden, steht die Telekommunikation vor einem neuen Quantensprung.

Die Inhalte der Kommunikation und die bei der Nutzung der elektronischen Dienste anfallenden Daten verraten immer mehr über uns. Der Schutz der Kommunikationsprozesse ist deshalb dringlicher denn je. Das in Artikel 10 des Grundgesetzes verankerte Fernmeldegeheimnis ist eines der zentralen Schutzrechte der Informationsgesellschaft, denn ohne Fernmeldegeheimnis wäre auch das Recht auf informationelle Selbstbestimmung, also der Datenschutz, reine Theorie. Das Fernmeldegeheimnis bezieht sowohl die Kommunikationsinhalte als auch die »näheren Umstände der Telekommunikation« mit ein, also Daten darüber, mit wem, an welchem Ort und wann die Kommunikation stattgefunden hat. Unter Schutz steht sogar die Information darüber, ob überhaupt kommuniziert wurde. Geschützt sind nicht bloß Telefongespräche, sondern auch der Zugang zum Internet, das Versenden oder der Empfang von E-Mails und sonstige nicht für die Allgemeinheit bestimmte Meldungen.

Auf der Grundlage des alliierten Besatzungsrechts wurden bereits in den Fünfziger- und Sechzigerjahren Telefone abgehört, etwa bei der *Spiegel*-Affäre 1962, als wegen eines kritischen Artikels über die Bundeswehr die Redaktionsräume des Nachrichtenmagazins durchsucht und Redakteure und Herausgeber inhaftiert wurden. Die Möglichkeit zur Einschränkung des Fernmeldegeheimnisses per Gesetz wurde aber erst durch die sogenannten »Notstandsgesetze« in Artikel 10 Absatz 2 des Grundgesetzes aufgenommen. Die 1968 beschlossene Regelung war heftig umstritten, denn bereits damals wurde die Befürchtung geäußert, die Bundesrepublik Deutschland könnte sich zu einem Überwachungsstaat entwickeln.

Wie fällt vierzig Jahre später die Bilanz staatlicher Fernmeldeüberwachung aus? Haben sich die Befürchtungen bewahrheitet? Anscheinend ja, denn die Befugnisse zur Überwachung des Telekommunikationsverkehrs wurden immer umfangreicher. Der Katalog der Straftaten, bei denen die Telekommunikation überwacht werden darf, wurde immer wieder ausgeweitet. Heute umfasst er eine kaum noch zu überblickende Vielzahl von ganz unterschiedlich schweren Delikten, von der Verbreitung pornografischer Schriften über Hehlerei bis hin zu Kapitalverbrechen.

Auch die Praxis der Telefonüberwachung gibt zur Sorge Anlass. So dokumentiert die von der Bundesnetzagentur veröffentlichte Jahresstatistik eine stetig steigende Zahl der Telefonüberwachungsmaßnahmen im Rahmen der Strafverfolgung. Im Jahr 1995 wurden rund 4700 neue Überwachungsanordnungen gezählt. Bis 2005 hat sich die Zahl auf mehr als 35 000 versiebenfacht, wobei von jeder Maßnahme mehrere Personen, im Extremfall sogar mehrere tausend, betroffen sind. Auch wenn die ganz überwiegende Zahl der Telefonate nicht überwacht wird, seien – dies behaupten inzwischen nicht nur Rechtswissenschaftler – Telefonüberwachungsmaßnahmen bei bestimmten Delikten, etwa im Drogenbereich, quasi zum Standard geworden und unterbleibe im Einzelfall allzu häufig die vorgeschriebene Prüfung, ob auch weniger intensive Grundrechtseingriffe Erfolg versprechend seien.

Nachrichtendienste hören mit

Auch die Verfassungsschutzbehörden, der Bundesnachrichtendienst (BND) und der Militärische Abschirmdienst (MAD) dürfen die Telekommunikation überwachen. Ihre diesbezüglichen Befugnisse sind durch das »G10« geregelt (dieser kryptisch anmutende Titel ist die Abkürzung für »Gesetz zur Beschränkung des Brief-, Post- und Fernmeldegeheimnisses – Gesetz zu Artikel 10 Grundgesetz«). Die Dienste dürfen die Telekommunikation überwachen oder aufzeichnen »zur Abwehr von drohenden Gefahren für die freiheitliche demokratische Grundordnung oder den Bestand oder die Sicherheit des Bundes oder eines Landes einschließlich der Sicherheit der in der Bundesrepublik Deutschland stationierten Truppen«. Die jeweiligen Überwachungsmaßnahmen müssen durch eine besondere Kommission des Deutschen Bundestages (G10-Kommission) angeordnet werden.

Dem BND hat neben der gezielten Überwachung auch die Befugnis zur sogenannten »strategischen Kontrolle«. Hierbei werden die gesamten Datenströme internationaler Telekommunikation überwacht, insbesondere bei der Satellitenkommunikation. Die strategische Kontrolle war zunächst auf die Abwehr der Gefahr eines bewaffneten Angriffs begrenzt. 1994 wurde sie auf den internationalen Terrorismus, die Verbreitung von Kriegswaffen und den internationalen Drogenhandel ausgedehnt. Die überwachten Telefonate dürfen dabei automatisch mit bestimmten Suchbegriffen abgeglichen werden.

Der Vollständigkeit halber sei noch darauf hingewiesen, dass der deutsche Fernmeldeverkehr auch von ausländischen Geheimdiensten überwacht wird. Im Fadenkreuz stehen dabei insbesondere Funkverbindungen. Von zentraler Bedeutung ist dabei das von westlichen Nachrichtendiensten seit dem Zweiten Weltkrieg betriebene weltweite Überwachungsprojekt »Echelon«, dessen Aktivitäten Gegenstand eingehender Untersuchungen des Europäischen Parlaments (EP) waren. Auch wenn der 2001 vorgelegte Bericht des zu diesem Thema eingerichteten EP-Ausschusses keine Zweifel an der Existenz des Systems äußerte, gelang es ihm nicht, den Schleier des Geheimnisses wirklich zu lüften, der sich immer noch über diesem Projekt ausbreitet.[31] Sicher schien dem Europäischen Parlament allerdings, dass die Überwachung nicht nur für staatliche, sondern auch für wirtschaftliche Zwecke erfolgt.

Ein weiterer Bereich, der gerade in letzter Zeit an Bedeutung gewonnen hat, ist die Befugnis zur »präventiven Telekommunikationsüberwachung« durch die Polizei. Während es bei den in der Strafprozessordnung geregelten Befugnissen um die Aufklärung von Straftaten geht, die bereits stattgefunden haben, setzen die präventiven Befugnisse bereits im Vorfeld von Gefahren und Straftaten an. Je weiter die Überwachungsbefugnisse ins Vorfeld einer konkreten Gefahr oder einer Straftat verlagert werden, als desto problematischer erweisen sie sich, da die Wahrscheinlichkeit zunimmt, dass völlig unbeteiligte und unschuldige Personen betroffen sind. Das Bundesverfassungsgericht hat die Regelung zur präventiven Telekommunikationsüberwachung im niedersächsischen Polizeigesetz beanstandet. In seiner Entscheidung vom 27. Juli 2005 betonte das Gericht, dass hier die verfassungsrechtlichen Grenzen deutlich überschritten waren. So war eine Telefonüberwachung schon dann zulässig, wenn bloß »angenommen« wurde, dass eine Person Straftaten begehen werde. Auch »Kontakt- und Begleitpersonen« durften überwacht werden. Diese Regelungen waren – so das Bundesverfassungsgericht – nicht bestimmt genug und auch unverhältnismäßig.[32]

Vorratsspeicherung von Telekommunikationsdaten

Die Verkehrsdaten (früher: Verbindungsdaten) waren seit jeher von Interesse für staatliche Stellen. Schon seit 1928 räumte das Fernmelderecht Strafverfolgungsbehörden die Befugnis ein, im Einzelfall die Herausgabe von Verbindungsdaten zu verlangen. Allerdings lagen diese Daten bei analoger Vermittlungstechnik nur im Ausnahmefall vor. Polizei und Staatsanwaltschaft konnten sich aber beim Fräulein vom Amt erkundigen, mit wem denn ein Verdächtiger telefoniert hatte. Vielleicht konnten sich die Postbediensteten ja noch daran erinnern, welche per Hand vermittelten Verbindungen sie mit dem betreffenden Anschluss hergestellt hatten. Heute, im Zeitalter digitaler Kommunikation, müssen die staatlichen Stellen nur noch auf vorliegende digitale Daten zugreifen und sind nicht mehr auf das Erinnerungsvermögen der Beteiligten angewiesen.

Seit Mitte der Neunzigerjahre gaben sich Innenpolitiker und Polizeivertreter nicht mehr damit zufrieden, dass die Behörden nur im Einzelfall auf vorhandene Verbindungsdaten zugreifen durften. Sie forderten vielmehr, diese Daten vorsorglich für Zwecke der Strafverfolgung und zur Gefahrenabwehr zu speichern. Noch 1997 lehnte die Bundesregierung unter Helmut Kohl einen entsprechenden Vorstoß des Bundesrats ab, weil eine derartige pauschale Vorratsspeicherung nicht mit der Verfassung vereinbar sei. Erst die geänderte Stimmungslage nach den terroristischen Anschlägen von 2001 in den USA und 2004 in Madrid, als die Attentäter Mobiltelefone zur Fernzündung von Bomben einsetzten, ließ die Ablehnungsfront bröckeln. Auch wenn die Madrider Terroristen anhand der ohnehin gespeicherten Telekommunikationsdaten, also ohne Vorratsspeicherung, ermittelt werden konnten, belegten diese Vorgänge scheinbar, dass eine möglichst weitreichende Speicherung von Telekommunikationsdaten sinnvoll sei. Die Debatte konzentrierte sich in der Folgezeit auf die Frage, ob und wie eine derartige Verpflichtung zur Vorratsspeicherung europaweit durchgesetzt werden könnte, zumal sich in verschiedenen nationalen Parlamenten, auch im Deutschen Bundestag, erheblicher Widerstand abzeichnete. Die Kritik an dem Vorhaben beschränkte sich auch im Übrigen nicht auf die üblichen Verdächtigen aus der Datenschutz- und Bürgerrechtsszene, sondern wurde ebenfalls von der Wirtschaft weitgehend geteilt.

Alle Appelle blieben erfolglos, denn eine große Koalition der sozialistischen Fraktion und der konservativen Europäischen Volkspartei im Europäischen Parlament billigte schließlich den Kommissionsvorschlag. Auch der Deutsche Bundestag gab im Februar 2006 seine Vorbehalte gegen die Vorratsspeicherung mehrheitlich auf – gegen die Stimmen der drei Oppositionsparteien FDP, PDS und Bündnis 90/Die Grünen sowie einiger Koalitionsabgeordneter. Immerhin wurde bei der Umsetzung der Richtlinie »Augenmaß« angemahnt und eine Orientierung an den Mindestanforderungen gefordert, um die Eingriffe in Grundrechte möglichst gering zu halten. Die im Frühjahr

2006 beschlossene Richtlinie[33] verpflichtet die EU-Mitgliedsstaaten zur Einführung von Mindestspeicherungsfristen für Verkehrsdaten der Telekommunikation und des Internets. Die Speicherungsfristen müssen mindestens ein halbes Jahr und dürfen höchstens zwei Jahre betragen.

Besonders kritisch ist es, dass die in der EG-Richtlinie vorgesehene enge Zweckbindung an die Verfolgung schwerer Straftaten immer poröser wird. So erlaubt es die Strafprozessordnung, die Daten auch für die Aufklärung solcher Straftaten zu verwenden, die »mittels Telekommunikation begangen« wurden, also auch bei weniger schweren Gesetzesüberschreitungen. Zudem sollen auf Druck der Musikindustrie die Daten auch für die zivil- und strafrechtliche Verfolgung von Urheberrechtsverletzungen genutzt werden (vgl. 4.4).

Es ist so sicher wie das Amen in der Kirche, dass die ungeheure Menge der auf Vorrat zu speichernden Daten weitere Begehrlichkeiten wecken wird. Schon haben die Nachrichtendienste ihr Interesse angemeldet, und aus der Wirtschaft werden Forderungen laut, die auf Vorrat gespeicherten Daten für eigene Geschäftszwecke verwenden zu dürfen. Die Befürchtung ist nur allzu berechtigt, dass die Nutzungsmöglichkeiten der ursprünglich für die Bekämpfung des Terrorismus und der Schwerkriminalität gespeicherten Daten Schritt für Schritt ausgeweitet werden, wie es bereits bei der umstrittenen Kontenabfrage geschehen ist (vgl. 3.8).

Je stärker elektronische Dienste unser Leben bestimmen, desto wichtiger wird der Schutz der Kommunikationsvorgänge. Nicht vergessen werden darf zudem, dass das Fernmeldegeheimnis mit anderen Grundrechten zusammenwirkt oder diese erst gewährleistet. Dies gilt insbesondere für die Meinungs- und Pressefreiheit (Artikel 5 Grundgesetz). Wenn journalistische Recherchen überwacht werden, wenn die individuelle Meinungsbildung und das Informationsverhalten des Einzelnen registriert und nachvollzogen wird, ist auch dieses Grundrecht massiv gefährdet. Wer für eine immer weiter gehende Überwachung und Kontrolle der Telekommunikation und des Internets eintritt, muss sich dieser Konsequenzen bewusst sein.

Statt das Fernmeldegeheimnis weiter einzuschränken, sollte es zu einem umfassenden Kommunikations- und Mediennutzungsgeheimnis weiterentwickelt werden, da sich die Grenze zwischen Telekommunikation, Tele- und Mediendiensten, zwischen Individual- und Massenkommunikation immer schwieriger ziehen lässt. Ein solches – im Grundgesetz zu verankerndes – allgemeines Kommunikations- und Mediennutzungsgeheimnis wäre ein Kernelement der modernen und demokratischen Informationsgesellschaft. Angesichts der beschriebenen Gegenbewegungen wird der Weg dahin allerdings nicht leicht werden.

3.4 Online-Durchsuchungen – »staatliches Hacking«

Wir buchen Flüge und Bahnfahrkarten über das Internet, korrespondieren per E-Mail, nehmen an elektronischen Selbsterfahrungsgruppen teil und geben dabei Informationen über unseren Gesundheitszustand preis. Fotos, Videos und Musikstücke werden ebenso auf dem Computer gespeichert wie wichtige Dokumente und persönliche Tagebücher. Angesichts dieser gewandelten Verhaltensweisen setzen sich Vertreter von Sicherheitsbehörden und Innenpolitiker vehement dafür ein, Polizei und Nachrichtendiensten den heimlichen Zugriff auf die Computersysteme per »Online-Durchsuchung« zu ermöglichen.[34] Ihre Argumentation ähnelt in frappanter Weise derjenigen, mit der vor zehn Jahren die Einführung des »Großen Lauschangriffs« gefordert wurde (vgl. 3.2): Ohne Online-Durchsuchung hätten Terroristen und sonstige Kriminelle leichtes Spiel gegen einen hilflosen Staat. Die Ermittler müssten hinsichtlich ihrer technischen Möglichkeiten endlich mit den Verbrechern gleichziehen.

Um was es sich bei den Online-Durchsuchungen genau handeln soll, deuten die Befürworter nur an. Klar ist nur, dass die Sicherheitsbehörden unter Verwendung des Internetanschlusses in Rechner eindringen sollen, um sich Zugriff auf die dort gespeicherten Daten zu verschaffen. So ist davon die Rede, man wolle den gesamten Inhalt von Festplatten, also im Regelfall mehrere Gigabyte an Daten, über das Internet an die Ermittlungsbehörden senden. Nach anderen Aussagen geht es bloß darum, gespeicherte Passwörter zu ermitteln, um bei der Telekommunikationsüberwachung verschlüsselte Datenströme lesbar zu machen. Wieder andere Aussagen verweisen darauf, dass man nur so auf »virtuelle Festplatten« im Internet zugreifen könne.

Zunächst wurde von den Befürwortern der Eindruck erweckt, es handele sich um nichts anderes als eine besondere Variante der Hausdurchsuchung, die ja als zulässige Ermittlungsmaßnahme in der Strafprozessordnung vorgesehen sei. Dies ist jedoch eine unzulässige Verharmlosung, denn die Online-Durchsuchung geschieht heimlich, während bei der Hausdurchsuchung Zeugen anwesend sind. Zudem sollen nicht nur Polizeibehörden, sondern auch die Nachrichtendienste die Erlaubnis zu Online-Durchsuchungen bekommen, während ihnen die Befugnis zur Hausdurchsuchung und zur Beschlagnahme nicht zusteht.

Online-Durchsuchungen sind deshalb besonders gravierend, weil die auf einem Computer gespeicherten Daten in ihrer Vielzahl und besonderen Sensibilität einen tiefen Einblick in die Persönlichkeit der Betroffenen geben können. Kritisch zu sehen ist auch, dass sich die Reichweite einer derartigen Maßnahme kaum begrenzen lässt, sodass dabei auch sensibelste Daten (etwa medizinische Informationen oder Tagebücher) zur Kenntnis der Sicherheitsbehörden gelangen würden. Dies wiederum würde dem Schutz des absoluten Kernbereichs der Privatsphäre widersprechen, den das Bundesverfassungsgericht als unverrückbare Grenze staatlicher Ermittlungsmaßnahmen festgelegt hat (vgl. 3.2). Zudem könnte der Zugriff nicht nur einmalig, sondern fortlaufend erfolgen. Eine derartige Dauerbeobachtung ist schon für sich genommen ein besonders gravierender Eingriff in die Privatsphäre.

Die öffentliche Diskussion verschärfte sich Anfang Februar 2007, nachdem der Bundesgerichtshof (BGH) festgestellt hatte, dass »Online-Durchsuchungen« tief in das Recht auf informationelle Selbstbestimmung eingreifen und den absolut geschützten Kernbereich der Privatsphäre betreffen können. Eine solche Maßnahme sei nur auf Basis einer besonderen gesetzlichen Regelung zulässig. Da eine derartige Befugnis nicht bestand, lehnte der

Bundesgerichtshof die Durchführung der von der Bundesanwaltschaft beantragten Maßnahme ab. Wer angesichts der klaren Entscheidung angenommen hatte, die Angelegenheit sei damit erledigt, sah sich getäuscht. Vielmehr forderten sowohl Bundesinnenminister Wolfgang Schäuble als auch Vertreter von Polizeigewerkschaften bereits am Tage der Veröffentlichung der BGH-Entscheidung Gesetzesänderungen, um die unzulässige Ermittlungsmaßnahme zu legalisieren.

Spätestens nach dieser Gerichtsentscheidung hätte eigentlich klar sein müssen, dass Online-Durchsuchungen nicht nur für die Polizei, sondern auch für Nachrichtendienste tabu sind, weil auch diese keine Rechtsgrundlage hierfür haben. Umso überraschender war es, dass vonseiten der Bundesregierung öffentlich eingeräumt wurde, die Nachrichtendienste hätten bereits solche Online-Durchsuchungen durchgeführt. Erst nach massiver Kritik erklärte sie im Mai 2007, dass es keine weiteren Online-Durchsuchungen geben solle, bis eine entsprechende Rechtsgrundlage, eventuell sogar durch Verfassungsänderung, geschaffen sei.

Die Bedenken gegen die Online-Durchsuchung gehen weit über die »Datenschutzszene« hinaus. Auch Industrieverbände und die Bundesjustizministerin äußerten erhebliche Zweifel an dem Vorhaben, »staatliches Hacking« zu legalisieren. Ausgerechnet auf einem europäischen Polizeikongress wies Brigitte Zypries darauf hin, dass die heimliche Überwachung ein schwerwiegender Eingriff in die Grundrechte und eine neue Qualität staatlicher Überwachung sein würde. Mit deutlichen Worten sprach sie sich gegen einen Schnellschuss bei heimlichen Online-Durchsuchungen aus. Völlig zu Recht stellte sie fest:

»Wer die Verfassung ändern und das ›staatliche Hacken‹ erlauben will, der trägt die Darlegungslast. Der muss sehr überzeugend nachweisen, dass dieser tiefe Eingriff in die bürgerliche Freiheit zu enormen Vorteilen bei der Bekämpfung schwerster Verbrechen führt. Ich bin sehr skeptisch, ob dies gelingen kann. Natürlich sind heimliche Maßnahmen für die Ermittler bequemer und einfacher. Aber das ist nicht der Maßstab für Grundrechtseingriffe.«[35]

Technisch dürfte eine »Online-Durchsuchung« ähnlich wie eine Hacking-Attacke ablaufen. Mittels Trojanern werden Programme auf den Computer geschmuggelt, die diesen nach verdächtigen Inhalten durchsuchen und die Daten dann über das Internet an die jeweilige Sicherheitsbehörde senden. Kritiker sprechen deshalb ironisch von »Bundestrojanern« oder vom »Großen Bruder im Privatcomputer«. Denkbar wäre es, dass dabei mittels infizierter E-Mails oder durch Ausnutzung von Sicherheitslücken der Software auf die Computer zugegriffen wird. Auch könnten Spähprogramme heimlich in Downloads aus dem Internet eingeschleust werden.

Es stellt sich die Frage, wie sich die Nutzer einerseits wirksam gegen Trojaner schützen sollen, die von ausländischen Geheimdiensten oder von Kriminellen stammen, wenn zugleich der Zugriff für deutsche Behörden ermöglicht werden soll. Zu befürchten ist auch, dass sich kriminelle und terroristische Organisationen wirksam gegen Online-Durchsuchungen schützen könnten, während der einfache Nutzer dazu verdammt wäre, mit den zusätzlichen Sicherheitsrisiken zu leben. Unbeantwortet ist bis heute auch die Frage, wie Betrüger und Hacker daran gehindert werden sollen, die staatlichen Spähprogramme zu modifizieren und für eigene Zwecke zu verwenden (etwa indem sie die Zieladresse des Rechners ändern, an die der Festplatteninhalt versandt werden soll).

Angesichts dieser massiven rechtlichen und praktischen Bedenken spricht vieles dafür, das Projekt Online-Durchsuchung ad acta zu legen. Angesichts der Erfahrungen mit ähnlichen Forderungen ist dies allerdings wenig wahrscheinlich. Die kritische Öffentlichkeit muss also wachsam bleiben, damit nicht wieder verfassungsrechtlich fragwürdige Befugnisse in Gesetze gegossen werden und es erneut dem Verfassungsgericht vorbehalten bleibt, durch nachträgliche Korrektur des Gesetzgebers die Bürgerrechte zu gewährleisten.

3.5 Datenschutz – Kollateralschaden im Krieg gegen den Terror?

Wenige Tage nach den Anschlägen auf das World Trade Center und das Pentagon am 11. September 2001 erklärte US-Präsident George Bush den »Krieg gegen den Terror«. In einer viel beachteten Rede Mitte September 2001 vor beiden Häusern des Kongresses kündigte er an:

> »Wir werden jede uns zur Verfügung stehende Ressource nutzen – jedes Werkzeug der Geheimdienste, jedes Instrument der Strafverfolgung, jeden finanziellen Einfluss und jede erforderliche Kriegswaffe, um das globale Terrornetzwerk zu sprengen und zu besiegen.«[36]

Recht bald wurde klar, dass damit nicht nur ein militärisches Vorgehen gegen Afghanistan und andere Mitglieder der »Achse des Bösen« gemeint war, sondern auch ein erbarmungsloser Kampf gegen Gegner, die man bereits im eigenen Land vermutete – ein Kampf, der auch tiefe Einschnitte in Bürgerrechte in Kauf nahm.

Bereits einen Monat nach den Terroranschlägen verabschiedeten mit überwältigenden Mehrheiten zunächst der Senat (96 zu 1 Stimmen) und dann das Repräsentantenhaus (337 zu 79) den »Patriot Act«, der Geheimdiensten und Polizeibehörden sehr weit gehende neue Befugnisse einräumt. Die beschlossenen Maßnahmen umfassen Vollmachten zum Abhören von Telefonen, zum Mitlesen von E-Mails und zum geheimen Zugriff auf alle möglichen privaten Datenbestände, von durch Telefongesellschaften gespeicherten Telekommunikationsdaten bis hin zu Dateien über das Leseverhalten in öffentlichen Bibliotheken. Niemals zuvor hatte es in den USA derart drastische Einschränkungen von Bürgerrechten ohne ausführliche Diskussion gegeben. Zahlreiche Senatoren und Abgeordnete beklagten noch kurz vor der Abstimmung, sie hätten nicht einmal die Gelegenheit gehabt, die ihnen nur wenige Tage zuvor zugeleiteten, mehrere hundert Seiten umfassenden Gesetzesentwürfe vollständig zu lesen. Dass die Gesetze gleichwohl mit großer Mehrheit angenommen wurden, ist ein Indiz für den öffentlichen Druck, dem nach dem 11. September nicht nur die Parlamentarier ausgesetzt waren.

Die Umsetzung des Patriot Act wurde und wird von der US-Administration weitgehend als Geheimangelegenheit behandelt. Immer wieder sickern allerdings Einzelheiten an die Öffentlichkeit, die nicht nur bei eingefleischten Bürgerrechtlern größte Besorgnis hervorrufen. So wurde im Frühjahr 2006 bekannt, dass Sicherheitsbehörden ohne richterliche Anordnung von Telefonunternehmen viele Millionen Verkehrsdaten der Telekommunikation angefordert und erhalten hatten, die ganz überwiegend US-Bürger betrafen. Nach Presseberichten war zudem beinahe jedes Gespräch in das oder aus dem Ausland Gegenstand des NSA-Überwachungsprogramms. Bei der NSA (National Security Agency) handelt es sich um einen US-Geheimdienst, der sich mit der weltweiten technologischen Überwachung beschäftigt. Die NSA habe – so die Presseberichte – die Abhörmaßnahmen vor ihrem Bekanntwerden bereits vier Jahre lang durchgeführt, um soziale Netzwerke zu identifizieren, eigenen Angaben zufolge aber nicht die Inhalte der Kommunikation überprüft. Die US-Regierung hat inzwischen eingeräumt, es sei ein erklärtes Ziel der Überwachung durch die NSA gewesen, die erfassten Telefonanrufe in einer Datenbank zu registrieren. Dieses Eingeständnis wiederum wirft die Frage nach dem Wahrheitsgehalt der Behauptung auf, man habe lediglich Personen überwachen wollen, die des Terrorismus verdächtig seien. Eine weitere gravierende Überwachungsmaßnahme, die nur durch Indiskretionen von Insidern aufgedeckt wurde, ist der Zugriff auf Daten über den weltweiten, durch SWIFT abgewickelten Zahlungsverkehr (siehe unten).

Ähnlich wie in den USA fiel die Reaktion auf den 11. September 2001 in vielen anderen Ländern aus. Überall wurde nach den Anschlägen über Maßnahmen zur effektiveren Terrorismusbekämpfung diskutiert. Und überall argumentierten die Regierungen gleich: Terror lässt sich nur bekämpfen, wenn man den Sicherheitsbehörden neue Befugnisse in die Hand gibt, auch wenn damit Eingriffe in Freiheitsrechte verbunden sind. Umfragen belegen, dass nach den dramatischen Ereignissen jeweils große Mehrheiten der Bevölkerung bereit waren, Einschränkungen der Freiheit in Kauf zunehmen, wenn damit ein höheres Maß an Sicherheit erreicht werden könnte. Trotz zaghafter Kritik von Bürgerrechtsgruppen und Datenschützern wurden überall schärfere Gesetze beschlossen.

Auch in Deutschland setzte nach den Anschlägen eine erregte Diskussion über zusätzliche Sicherheitsmaßnahmen ein. Bereits unmittelbar nach den Anschlägen gab es von etlichen Politikern deutliche Aussagen, den »Datenschutz tiefer zu hängen«, verbunden mit der Aufforderung, angebliche Hürden des Datenschutzes in Richtung auf eine effiziente Antiterrorgesetzgebung nicht mehr oder nur noch beschränkt zu dulden. Kritiker warnten hingegen vor einem »Wettlauf« der Sicherheitspolitiker um die jeweils härteste Haltung. Die Datenschutzbeauftragten von Bund und Ländern wiesen darauf hin, dass bei der künftigen Gesetzgebung die grundlegenden Rechtsstaatsprinzipien, nämlich das Grundrecht der freien Entfaltung der Persönlichkeit, das Verhältnismäßigkeitsprinzip und der Erforderlichkeitsgrundsatz, zu beachten sind. Die Mahner blieben damit jedoch in der Minderheit.

Bereits eine Woche nach den Anschlägen beschloss das Bundeskabinett ein erstes, drei Milliarden Euro umfassendes Antiterrorpaket, das durch eine Erhöhung der Tabaksteuer finanziert werden sollte. Die Gelder flossen vor allem der Bundeswehr, den Nachrichtendiensten, dem Bundesamt für die Sicherheit der Informationstechnik

(BSI) und dem Bundesgrenzschutz zu. Außerdem wurde eine generelle Sicherheitsüberprüfung für Flughafenpersonal beschlossen.

Wer bleibt im Raster hängen?

Schon vor dem Inkrafttreten der neuen Gesetze begannen die Sicherheitsbehörden, das vorhandene Instrumentarium auszureizen. Dies gilt insbesondere für die polizeilichen Rasterfahndungen, die in allen Bundesländern kurz nach den Anschlägen begonnen wurden. Die Rasterfahndung ist ein automatisierter Datenabgleich anhand bestimmter Prüfmerkmale, die auf den (potenziellen) Täter vermutlich zutreffen. Dabei werden polizeiliche Daten mit verschiedenen Datenbeständen bei nicht polizeilichen Stellen verknüpft. Ziel ist es, die Personen mit tätertypischen Merkmalen herauszufiltern. Datenschutzrechtlich bedeutsam ist die Rasterfahndung vor allem deshalb, weil sie zunächst nicht bei einer bekannten Zielperson ansetzt, sondern ganz überwiegend Daten von Menschen umfasst, für die keinerlei Verdachtsmomente vorliegen. Es handelt sich mithin um ein Mittel zur Verdachtsgewinnung und nicht um ein klassisches Fahndungsinstrument. Selbst die Personen, die anhand der vorgegebenen Prüfmerkmale im Raster hängen bleiben, sind damit nicht im strafrechtlichen Sinne verdächtig, werden jedoch gleichwohl von den Sicherheitsbehörden sorgfältig beobachtet und sehen sich einem besonderen Rechtfertigungsdruck ausgesetzt.

Die Rasterfahndung wurde erstmals in den Siebzigerjahren bei der Verfolgung der deutschen Terrorgruppe »Rote-Armee-Fraktion« (RAF) angewendet. Entsprechende Befugnisse wurden in die Strafprozessordnung (zur Strafverfolgung) und in die meisten Landespolizeigesetze (zur Gefahrenabwehr) aufgenommen. Die sehr aufwändige Fahndungsmaßnahme kam in der Folgezeit kaum zum Einsatz, sodass sogar darüber diskutiert wurde, sie wieder aus den Gesetzen zu streichen. Die Diskussionslage änderte sich aber nach dem 11. September schlagartig, als bekannt wurde, dass einige der Attentäter sich weitgehend unauffällig in Hamburg aufgehalten und dort studiert hatten. Es wurde befürchtet, dass sich noch weitere »Schläfer« in Deutschland aufhalten könnten. Doch wie sollte man Personen ausfindig machen, die weder der Polizei noch den Nachrichtendiensten aufgefallen waren? Fast selbstverständlich richtete sich die Aufmerksamkeit auf das Fahndungsinstrument der Siebzigerjahre, das man fast schon ausrangiert hatte. Der Hamburger Innensenator Olaf Scholz umschrieb das Ziel der neuen Rasterfahndung zutreffend damit, dass es um Personen ginge,

»die sich nicht besonders auffällig verhalten haben. ... Sie haben ordentlich studiert und sich nicht mit der Polizei in Konflikt gebracht. Wir müssen uns darauf einstellen, gerade solche Personen identifizieren zu können, ohne jedermann in Verdacht zu bringen.«[37]

In der Folgezeit erhoben die Länderpolizeien personenbezogene Daten von Universitäten, Einwohnermeldeämtern und aus dem Ausländerzentralregister und glichen diese Datenbestände anschließend anhand festgelegter Rasterkriterien gegeneinander ab. Um die Größenordnung zu verdeutlichen, seien hier die vom Berliner Datenschutzbeauftragten für seinen Zuständigkeitsbereich ermittelten Zahlen genannt: Die zunächst an die Polizei übermittelten Daten umfassten 58 063 Datensätze, aus denen schließlich die Daten von 114 Personen nach einer vorgegebenen Prioritätenliste ausgerastert wurden. Über diese Personen legten die Polizeibehörden Ermittlungsakten an, die zur Grundlage einer eingehenden Überprüfung gemacht wurden. Die Prüfungen verliefen jedoch ergebnislos und führten nicht zur Enttarnung von neuen »Schläfern«.[38] Ähnlich verhielt es sich in den übrigen Bundesländern, auch wenn der Umfang der jeweils einbezogenen Daten erheblich variierte.

Um diesen »vorgerasterten« Personenkreis durch weitere Kriterien in Anlehnung an das Täterprofil der in Deutschland zeitweise wohnhaften Attentäter des 11. September 2001 einzuschränken, wurde der in einer Verbunddatei beim BKA eingestellte Datenbestand durch das BKA mit anderen Daten abgeglichen, die ihm vor allem von Bundesbehörden und Wirtschaftsunternehmen zur Verfügung gestellt worden waren.

Lange Zeit blieb weitgehend im Dunkeln, welche Ergebnisse diese bundesweite Rasterfahndung hatte. Ein Auswertungsbericht des BKA ließ fast drei Jahre auf sich warten. Die schließlich darin festgestellten Ergebnisse waren ziemlich ernüchternd. Es konnte durch diese sehr umfangreiche Fahndungsmaßnahme kein einziger eingeschleuster »Schläfer« oder sonstiger Terrorverdächtiger identifiziert und vor Gericht gebracht werden.

Es blieb – wie so oft – dem Bundesverfassungsgericht vorbehalten, einen spektakulären Endpunkt zu setzen. In seinem Beschluss vom 4. April 2006 stellte es fest, dass die Rasterfahndung weitgehend verfassungswidrig war. Sie stelle als eine Maßnahme zur Verdachtsgewinnung einen intensiven Grundrechtseingriff dar, der eine große

Anzahl völlig Unverdächtiger treffe, was nur bei Einhaltung strenger Anforderungen zulässig gewesen wäre. Diese Voraussetzungen seien allerdings 2001 nicht gegeben gewesen. Insbesondere habe es zum Zeitpunkt der Anordnung keine hinreichend beschriebene konkrete Gefahr gegeben, welche die Anordnung gerechtfertigt hätte.[39] Auch wenn sich die Entscheidung auf das nordrhein-westfälische Gesetz bezog, reicht ihre Wirkung über dieses Bundesland weit hinaus. Das Bundesverfassungsgericht hatte erneut – wie zuvor in seinem Volkszählungsurteil von 1983 (vgl. 3.1) und im Urteil zum Großen Lauschangriff 2004 (vgl. 3.2) – die verfassungsrechtlichen Grenzen staatlicher Datenverarbeitung aufgezeigt. Der Rechtsstaat muss diese Grenzen selbst in Zeiten terroristischer Bedrohung beachten.

»Otto-Kataloge«

Am 12. Oktober 2001 – fast genau einen Monat nach den Anschlägen von New York und Washington, D.C. – legte das Bundesinnenministerium den Entwurf für ein zweites Sicherheitspaket vor, in dem eine Vielzahl weitergehender Maßnahmen enthalten war (Journalisten sprachen – nach dem Vornamen des damaligen Bundesinnenministers Schily – vom »2. Otto-Katalog«). Nicht nur dem damaligen Bundesdatenschutzbeauftragten Joachim Jacob vermittelte dieser Entwurf den Eindruck,

»als ob hier alle nur denkbaren und gesetzestechnisch machbaren Möglichkeiten aufgelistet worden seien, teilweise ohne realen Bezug zur Terrorismusbekämpfung. Insbesondere berücksichtigte der Entwurf die in weiten

Teilen im Volkszählungsurteil des Bundesverfassungsgerichts vom 15. Dezember 1983 formulierten datenschutzrechtlichen Vorgaben an Gesetze nicht. Er enthielt vielmehr sehr pauschale, nicht zielgenau auf konkrete Gefährdungssituationen im terroristischen Bereich ausgerichtete neue Eingriffsbefugnisse.«[40]

Das Maßnahmenpaket stieß auch innerhalb der Bundesregierung auf Kritik. So berichtete die Presse über eine Stellungnahme des Bundesjustizministeriums, dass es im Hinblick auf den Titel des Pakets, »Terrorismusbekämpfungsgesetz«, doch angeraten sei, den Gesetzentwurf auch tatsächlich auf Maßnahmen zur Bekämpfung des Terrorismus zu beschränken.

Ende 2001 wurde das zweite Sicherheitspaket dennoch mit nur geringen Abstrichen beschlossen. Datenschutzrechtlichen Vorbehalten gegen neue Befugnisse begegnete der damalige Bundesinnenminister Otto Schily mit der Forderung, »überzogenen Datenschutz« zurückzufahren. Wo sich Datenschutz als Terroristenschutz auswirke, so ein Ministeriumssprecher bereits wenige Tage nach den Anschlägen vom 11. September, müsse eben Abhilfe geschaffen werden.

Im Folgenden sollen beispielhaft einige der in Deutschland 2001 und 2002 eingeführten Befugnisse und Maßnahmen mit Auswirkungen auf den Datenschutz genannt werden:

– Nachrichtendienste dürfen Unternehmen befragen und Auskünfte über Verkehrsdaten der Telekommunikation und des Internets, über Postdaten und über Daten der Bankkunden und deren Geldbewegungen einholen.

- Bei Luftfahrtunternehmen und Reisebüros können Reisebewegungen erhoben werden.
- Polizeibehörden wurde die Befugnis eingeräumt, Reisende auch ohne Anhaltspunkte für strafbares Handeln und ohne Vorliegen einer konkreten Gefahr nicht nur im grenznahen Raum, sondern darüber hinaus – etwa auf Fernbahnlinien und Bahnhöfen – zu kontrollieren (sogenannte »Schleierfahndung«).
- Dem Verfassungsschutz wurde der Zugriff auf Ausländer- und Visadaten eingeräumt. Personen mit Zugang zu Flugplätzen werden einer generellen Sicherheitsüberprüfung unterzogen.
- Vor Einbürgerungen erfolgt eine Regelanfrage beim Verfassungsschutz.

Biometriepässe

Der staatlich verordnete Einsatz biometrischer Daten (vgl. 2.7) ist von nachhaltiger Bedeutung für die Bürgerrechte. Der Bundestag sprach sich im Rahmen der Antiterrorgesetze grundsätzlich für die Aufnahme biometrischer Angaben in Pässe und Personalausweise aus, behielt sich jedoch die Festlegung der Einzelheiten vor, insbesondere die Bestimmung der aufzunehmenden biometrischen Daten. Das Parlament beharrte auch darauf, dass die biometrischen Daten nur in den Dokumenten selbst und nicht in bundesweiten Referenzdateien gespeichert werden. Damit reagierte er auf die Befürchtung, die in externen Dateien gespeicherten biometrischen Daten könnten Begehrlichkeiten für andere Verwendungen wecken.

Noch im Februar 2007 verneinte Bundesinnenminister

Wolfgang Schäuble die Frage, ob geplant sei, die digitalen Lichtbilder auch zu Fahndungszwecken einzusetzen:

> »Das ist nicht geplant. Die biometrischen Merkmale sollen die Ausweispapiere fälschungssicher machen und sicherstellen, dass Passinhaber und vorlegende Person identisch sind. Mit Fahndung hat das nichts zu tun. Die biometrischen Daten sind ja auch ausschließlich auf dem Chip des Ausweispapiers gespeichert.«[41]

Allerdings wies der 2007 von der Bundesregierung vorgelegte Entwurf des Passgesetzes in genau diese Richtung, denn er sah den Online-Abruf digitalisierter Lichtbilder aus den Pass- und Personalausweisregistern für die Verfolgung von Verkehrsordnungswidrigkeiten vor. Dem Bundesrat war selbst das nicht genug. Er forderte, dass die Polizeibehörden die biometrischen Daten generell »zur Überprüfung der Identität des Inhabers« und »darüber hinaus für einen automatisierten Abgleich mit erkennungsdienstlichen Dateien der Polizeivollzugsbehörden verwenden« dürfen. Die Realisierung dieser Forderung würde letztlich die automatisierte biometrische Massenkontrolle ermöglichen, vor der Kritiker immer gewarnt hatten.

Bemerkenswert ist, wie das Biometrieprojekt international durchgesetzt wurde: Schon vor dem 11. September 2001 hatte die Bush-Administration Pläne zur Integration biometrischer Daten in Reisedokumente entwickelt. Aufgrund der daran in den USA geäußerten Kritik erschienen indes die Chancen auf deren Durchsetzung recht gering, denn in den USA gibt es bis heute weder ein Melderegister noch eine Personalausweispflicht. Deshalb konzentrierte sich die US-Regierung nunmehr darauf, das Vorhaben auf internationaler Ebene durchzudrücken. Dies geschah im Wesentlichen durch Einflussnahme auf die internationale Zivilluftfahrtsorganisation ICAO, einer bei der UNO angesiedelten Einrichtung. Die von der ICAO entwickelten Standards zur Aufnahme eines digitalisierten Gesichtsbilds in die Reisepässe waren indes für die Staatengemeinschaft nicht verpflichtend. Dies mussten nun die Regierungen übernehmen, was ja angesichts des Standes der internationalen Diskussion, der Standardisierungsempfehlung der ICAO und der durch die Terroranschläge veränderten politischen Lage jetzt wesentlich einfacher war.

In Europa waren es die Innenminister der EU-Mitgliedsstaaten, die das Heft in die Hand nahmen. Sie beschlossen im Herbst 2004 nicht nur die Umsetzung des ICAO-Standards, also die Integration eines digitalen Passbilds, sondern darüber hinaus die verbindliche Aufnahme von Fingerabdrücken in die Reisepässe der EU-Bürger. Bemerkenswert ist in diesem Zusammenhang, dass die zuvor dem Europäischen Parlament vorgelegten Entwürfe der EU-Passverordnung keine verpflichtende Aufnahme des Fingerabdrucks als zweites biometrisches Merkmal enthielten. Dass es gleichwohl zu dem Beschluss des Ministerrats kam (das Europaparlament war bei der Verordnung lediglich zu konsultieren, hatte aber keine Mitentscheidungskompetenzen), war ganz wesentlich auf das Engagement von Otto Schily zurückzuführen. Es scheint die Innenminister wenig beeindruckt zu haben, dass es für die verpflichtende Einführung von zwei biometrischen Merkmalen keinerlei parlamentarisches Votum, ja nicht einmal eine Befassung durch die Volksvertretung gegeben hatte. Mit der EU-Passverordnung wurde zudem der vom Bundestag ausdrücklich beschlossene Gesetzesvorbehalt zumindest bezüglich des Passes hinfällig. Kritiker dieses Verfahrens aus den Reihen der Bürgerrechtsorganisationen bezeichneten das sowohl von der US-Regierung als auch von den EU-Innenministern gewählte Verfahren als »policy laundering« (Politikwäsche), eine Umschreibung für ein Vorgehen, bei dem Parlamente und nationale Entscheidungsstrukturen systematisch umgangen werden.

Es ist formalrechtlich nicht zu beanstanden, dass seit Ende 2005 die neu ausgegebenen Reisepässe mit einem RFID-Funkchip (vgl. 2.3) ausgeliefert werden, auf dem biometrische Daten – zunächst die digitalen Passfotos, ab 2008 zusätzlich Fingerabdrücke – der Passinhaber gespeichert sind, da es sich bei der EU-Passverordnung um einen in den Mitgliedsstaaten unmittelbar geltenden Rechtsakt handelt. Nach den Planungen der Bundesregierung sollen die Personalausweise demnächst ebenfalls mit den biometrischen Daten ausgestattet werden, wofür es allerdings keine vergleichbaren internationalen oder europarechtlichen Verpflichtungen gibt.

Wenn man sich ins Bewusstsein ruft, wie lange unter normalen Umständen auch noch so kleine Rechtsänderungen benötigen, bis sie schließlich die Mühle der regierungsinternen und parlamentarischen Beratungen durchlaufen haben, reibt man sich schon die Augen, zu welchen gesetzgeberischen Leistungen innerhalb kürzester Zeit die politisch-administrativen Systeme unter Stress in der Lage waren. Nach dem 11. September 2001 wurden in vielen Staaten der Welt erhebliche Rechtsänderungen innerhalb weniger Wochen durchgesetzt. Es war geradezu unvermeidlich, dass sich bei einem derart kurzen Gesetzgebungsprozess schwerwiegende handwerkliche Fehler einschlichen. Viel schlimmer war jedoch, dass Grundrechtseingriffe beschlossen wurden, die – allein aus Zeitgründen – nicht wirklich auf den Prüfstand der öffentlichen Debatte gestellt werden konnten.

Bei einem derartigen Aktionismus drängte sich die Frage auf, ob es sich dabei überhaupt um geeignete und vor allem um angemessene Reaktionen auf terroristische Herausforderungen handelte. Verschiedene Indizien stützen die These, dass die Aufdeckung der Vorbereitungen für die Anschläge in New York und Washington und die wirksame Verfolgung früherer Terroranschläge nicht in erster Linie an mangelnden Strafnormen und polizeilichen Befugnissen gescheitert sind, sondern an bürokratischen Mängeln und falschen Schwerpunktsetzungen der zuständigen Behörden. Dies bestätigt auch der Bericht, den eine vom US-Kongress eingesetzte Untersuchungskommission im Sommer 2004 vorgelegt hat. Danach habe es vor dem 11. September 2001 eine Reihe von Chancen gegeben, die Anschlagspläne aufzudecken und zu vereiteln. Sie seien jedoch verpasst worden. Bemerkenswert ist dabei, dass bedeutsame Informationen über die Attentäter und ihre Aktivitäten verschiedenen Behörden zwar bekannt waren, deren Relevanz jedoch überwiegend nicht erkannt wurde. Schließlich hätte die Bush-Administration im Sommer 2001 entsprechende Warnungen der Sicherheitsbehörden ignoriert.

Die Befürworter neuer Befugnisse der Sicherheitsbehörden verweigerten sich hartnäckig der Forderung, den Nachweis für die Wirksamkeit der geplanten neuen Maßnahmen anzutreten und dabei zumindest deutlich zu machen, wie sich hierdurch, hätte es sie bereits vor den Anschlägen gegeben, Letztere hätten verhindern lassen. Wer wollte auch ernsthaft behaupten, dass eine Regelanfrage beim Verfassungsschutz im Zusammenhang mit Asylanträgen auch nur einen der Hamburger »Schläfer« an seinem Wirken gehindert hätte? Hätten biometrische Merkmale in den Pässen die Attentäter des 11. September, die ja überwiegend mit echten Papieren reisten, wirklich daran gehindert, ihre Planungen auszuführen? Diese Fragen bleiben bis heute unbeantwortet.

Manchmal führt ein Blick auf bereits geführte Debatten zu wichtigen Erkenntnissen: Vor mehr als zwanzig Jahren war das Projekt »maschinenlesbarer fälschungssicherer Personalausweis« – eine Reaktion auf den Terrorismus der RAF (Rote-Armee-Fraktion) – auf den Weg gebracht worden. Das Personalausweisgesetz wurde jedoch vor seinem Inkrafttreten durch die damaligen Regierungsparteien – CDU/CSU und FDP – gestoppt, weil das Volkszählungsurteil des Bundesverfassungsgerichts von 1983 wichtige Nachbesserungen erforderlich machte. Das Gericht hatte ausgeführt, dass die

»Einführung eines einheitlichen, für alle Register und Dateien geltenden Personenkennzeichens oder dessen Substituts… ein entscheidender Schritt [wäre], den einzelnen Bürger in seiner ganzen Persönlichkeit zu registrieren und zu katalogisieren«.[42]

Eine derart umfassende Katalogisierung des Menschen widerspräche jedoch dem Menschenbild des Grundgesetzes. Daraufhin wurde in das Personalausweisgesetz das ausdrückliche Verbot aufgenommen, Seriennummern zur Erschließung von Dateien zu verwenden, und die Speicherung von Fingerabdrücken im Personalausweis wurde ausdrücklich untersagt. Dieses Beispiel verdeutlicht, warum Parlamente und Öffentlichkeit auf ihrem Recht bestehen müssen, sich die für die Klärung der verfassungsrechtlichen und praktischen Fragen erforderliche Zeit zu nehmen und dann zu bewerten, ob bestimmte Grundrechtseingriffe im Hinblick auf den zu erwartenden Nutzen der Maßnahmen angemessen sind. Und sie sollten eine schonungslose Aufdeckung der Faktoren fordern, die zu der derzeitigen Gefährdung beigetragen haben, einschließlich der Mängel bei den Sicherheitsbehörden. Wer neue Befugnisse für Strafermittlungen und Gefahrenabwehr fordert, muss begründen, warum er mit den bestehenden Befugnissen nicht ausgekommen ist.

Auch wenn die Gesetzgebungswelle des Jahres 2001 in den Folgejahren langsam zurückging, führte dies nicht etwa zu einer Rücknahme von einmal den Sicherheitsbehörden eingeräumten Befugnissen. Vielmehr wurden weltweit weitere Einschränkungen von Grundrechten umgesetzt, auch wenn es sich dabei in den meisten Fällen um weniger dramatische Einschnitte handelte als unmittelbar nach den Terroranschlägen im September 2001.

In Deutschland wurden Ende 2006 durch die große Koalition in einem »Terrorbekämpfungsergänzungsgesetz« die 2001/2002 eingeführten Befugnisse verlängert und ausgebaut. Den Nachrichtendiensten wurden zusätzliche Befugnisse zugestanden; insbesondere wurden Möglichkeiten, über die seit 2002 nur der Verfassungsschutz verfügen konnte (die Abfrage von Daten bei privaten Unternehmen), nun auch dem Militärischen Abschirmdienst und dem Bundesnachrichtendienst eingeräumt. Ferner wurden verfahrensrechtliche Sicherungen beseitigt, insbesondere durch die nicht mehr zu erfolgende Einschaltung der G10-Kommission des Deutschen Bundestages bei der Genehmigung bestimmter Datenabfragen. Schließlich wurden die Informationsbestände von Strafverfolgungsbehörden und Geheimdiensten durch die ebenfalls Ende 2006 beschlossene »Antiterrordatei« miteinander vernetzt. Kritiker monierten vor allem, dass die Antiterrordatei den verfassungsrechtlichen Anforderungen, insbesondere hinsichtlich der Verhältnismäßigkeit und des Trennungsgebots von Polizei und Nachrichtendiensten, widerspreche. Wieder konnten sie sich nicht durchsetzen.

Auch auf europäischer Ebene wurden nach dem 11. September 2001 vielfältige Initiativen gestartet, um die Sicherheitsbehörden europaweit zu stärken und intensiver zu vernetzen. Auf eine Maßnahme, die in der Diskussion besondere Aufmerksamkeit erfahren hat, ist bereits ausführlicher eingegangen worden: die Einführung einer obligatorischen Vorratsdatenspeicherung von Daten der Telekommunikation und des Internets (vgl. 3.3).

Fluggastdaten für die USA

Die Attentate des 11. September 2001 wurden mit Flugzeugen durchgeführt, und die Attentäter reisten per Flugzeug in die USA. Deshalb ist es nachvollziehbar, dass die USA bei ihrem »Krieg gegen den Terror« der Überwachung des Luftverkehrs besondere Bedeutung zuweisen. Allerdings bleibt fraglich, ob sie dabei die Verhältnismäßigkeit gewahrt haben.

Die USA verlangen seit 2003 auf Transatlantikflügen von den Fluggesellschaften die Vorabübermittlung umfangreicher Datensätze von Flugpassagieren. Die Zoll- und Grenzschutzbehörde der USA teilte den Fluggesellschaften damals mit, dass sie ab sofort den US-Behörden den elektronischen Zugriff auf in den Buchungssystemen gespeicherte Fluggastdaten, die Passenger Name Records (PNR), einzuräumen hätten. Andernfalls würden gegen sie Sanktionen ergriffen, bis hin zum Entzug der Landerechte. Die Forderung war besonders gravierend, weil der PNR-Datensatz nicht nur Angaben enthält, die US-Behörden bei der Einreise ohnehin von den Reisenden erheben. In den Buchungssystemen werden auch Telefonnummern, Zieladressen in den USA, Kontaktpersonen und Zahlungsdetails gespeichert. Schließlich enthält der PNR-Datensatz auch sensible Daten, etwa besondere Essenswünsche (zum Beispiel koscheres Essen) und Hinweise auf Behinderungen (etwa Rollstuhlbenutzung), die nach dem europäischen Datenschutzrecht besonderen Schutzes bedürfen. Alle diese Angaben erschienen den US-Behörden hilfreich, um terroristische oder kriminelle Absichten frühzeitig zu erkennen oder die Daten bei der Aufklärung terroristischer Straftaten zu verwenden.

Es ist gut nachzuvollziehen, dass in den USA seit den Anschlägen auf das World Trade Center und das Pentagon ein erhöhtes Bedürfnis nach Sicherheit besteht. Dies schließt auch die sichere Identifikation der Fluggäste ein. Allerdings haben sich die US-Behörden nicht auf diese Identifikationsdaten beschränkt, sondern auch vielfältige weitere Daten der Flugpassagiere gefordert und auch erhalten. Besonders kritisch ist, dass die US-Behörden durch Sanktionsdrohungen einen zunächst weitgehend unkontrollierten Zugriff auf Datenbanken außerhalb ihres Hoheitsbereichs durchsetzen konnten, ohne dass den Betroffenen effektive Datenschutzrechte zugestanden wurden.

Dieses Vorgehen betraf alle europäischen Länder in gleichem Maße. Die Europäische Kommission hat deshalb 2004 mit den USA ein Abkommen geschlossen, das die Datenübermittlung auf eine tragfähige Rechtsgrundlage stellen sollte. Im Gegenzug verpflichtete sich die Zoll- und Grenzschutzbehörde der USA zur Einhaltung bestimmter datenschutzrechtlicher Mindestnormen bei der Nutzung der übermittelten Fluggastdatensätze. Das Abkommen wurde zunächst auf dreieinhalb Jahre befristet. Aus Datenschutzsicht – und auch nach Auffassung des Europäischen Parlaments – war das Verhandlungsergebnis der Europäischen Kommission unzureichend. Die Zwecke, zu denen die amerikanischen Behörden PNR-Daten nutzen durften, erschienen zu vage. Und auch der Datenumfang von bis zu vierunddreißig Datenfeldern überschritt erheblich, was aus Sicht der europäischen Datenschützer und des Europäischen Parlaments vertretbar war. Immerhin enthielt das Abkommen die verbindliche Zusicherung der US-Behörden, von den Fluggesellschaften nicht die Erhebung zusätzlicher Daten zu verlangen, wenn im Einzelfall einige der verlangten vierunddreißig Datenfelder im Reservierungssystem nicht ausgefüllt waren.

Das PNR-Abkommen endete abrupt, als es der Europäische Gerichtshof im Sommer 2006 annullierte, weil es auf einer falschen Rechtsgrundlage beruhte. Wegen dieses formalen Rechtsfehlers hat das Gericht nicht bewerten müssen, ob die Datenübermittlung unverhältnismäßig in die Rechte der EU-Bürger eingreift. Im Herbst 2006 handelten EU-Rat und Kommission daraufhin ein befristetes Interimsabkommen aus, das im Hinblick auf den Datenschutz noch hinter der ursprünglichen Vereinbarung zurückblieb. So fehlte im neuen Abkommen eine zeitliche Befristung der Datenspeicherung. Problematisch war ferner, dass die Daten von der amerikanischen Zoll- und Grenzschutzbehörde nun in noch größerem Umfang an andere Behörden weitergegeben werden durften. Schließlich blieb offen, ob weiterhin wie vereinbart gemeinsam überprüft würde, inwieweit die US-Behörden die Verpflichtungen einhalten. Die US-Regierung sieht offenbar in derartigen Prüfungen eine kaum hinnehmbare Beeinträchtigung der Souveränität der Vereinigten Staaten von Amerika, weil an ihnen nicht nur US-Stellen, sondern auch Vertreter der EU beteiligt waren.

Anfang Juli 2007 verkündete Bundesinnenminister Wolfgang Schäuble stolz, dass die EU unter deutscher Ratspräsidentschaft ein neues Abkommen mit den USA ausgehandelt habe, und empfahl dieses als Vorbild für die Installation eines entsprechenden europäischen Systems zur Übermittlung von Fluggastdaten. Bei genauerem Hinsehen wird jedoch deutlich, dass die vermeintlichen Datenschutzverbesserungen reine Kosmetik sind. Zwar sollen künftig nur noch neunzehn statt vierunddreißig Datenelemente je Fluggast übermittelt werden. Diese Reduktion wurde jedoch erreicht, indem bislang getrennte Datenfelder (etwa »Anschrift«, »Telefonnummer« und »E-Mail-Adresse«) zu einem Merkmal (»all available contact information«) zusammengeführt wurden – aus drei mach eins! Vor allem hinsichtlich der Speicherdauer sind die Datenschutzkonditionen sogar deutlich schlechter als beim Vorläufervertrag. Sie wurde von dreieinhalb auf fünfzehn Jahre erhöht, wobei die Daten in den letzten acht Jahren allerdings in einer »passiven« Datenbank gespeichert werden sollen, was immer dies heißen soll. Zwar soll auch künftig geprüft werden, ob die Abmachungen eingehalten werden. Seitens der EU soll die Prüfung jedoch ausschließlich durch den Kommissar für Justiz, Freiheit und Sicherheit und seine Mitarbeiter erfolgen. Die Beteiligung der Datenschutzbehörden an dem Prüfteam wird damit ausgeschlossen. Alles in allem handelt es sich bei dem neuen Abkommen also um einen schlechten Kompromiss und nicht um eine vorbildliche Regelung.

SWIFT – Finanztransaktionen im Visier der Terrorbekämpfung

Der Kampf gegen den Terror wird an verschiedenen Fronten geführt. Einer der wichtigsten Kampfplätze ist die Kontrolle von Geldströmen, die zur Vorbereitung und Durchführung terroristischer Anschläge verwendet werden. Dass sich die Maxime »follow the money« bisweilen sogar dazu eignet, unrechtmäßiges Regierungshandeln zu entlarven, hatten frühere US-Administrationen sowohl im Watergate-Skandal als auch bei der Iran-Contra-Affäre schmerzvoll erfahren müssen.

Die US-Behörden sahen im internationalen Zahlungsverkehrsnetzwerk SWIFT einen wesentlichen Ansatzpunkt für derartige Ermittlungen. SWIFT ist ein weltweit agierender Dienst zur Übermittlung von internationalen Zahlungsanweisungen. SWIFT speichert alle Überweisungsdaten für 124 Tage in zwei Rechenzentren, von denen sich eines in Europa, das andere in den USA befindet – eine Form der Datenverarbeitung, die als »Spiegelung« bezeichnet wird. Die Zahlungsanweisungen enthalten die Namen des Senders und des Empfängers.

Nach den Attentaten vom 11. September 2001 verlangte das US-Finanzministerium von SWIFT den Zugang zu diesen Daten, weil das in den USA betriebene Rechenzentrum den amerikanischen Rechtsvorschriften unterliege. Bei Nichtbefolgung wurden dem Unternehmen – wie zuvor den Fluggesellschaften – empfindliche Sanktionen angedroht. SWIFT kam diesen Forderungen nach, konnte aber gewisse Einschränkungen und Sicherheitsmaßnahmen aushandeln. Dies alles vollzog sich ohne Kenntnis der Datenschutzbehörden. Die Bankkunden rechneten ebenfalls nicht damit, dass etwa die bei einer Überweisung von Deutschland nach Österreich übermittelten Daten zum Gegenstand von Datenzugriffen durch US-Behörden werden konnten.

Erst aufgrund von Presseberichten Mitte 2006 erfuhr die Öffentlichkeit von dieser Angelegenheit. Im Zuge der folgenden Diskussion mussten die Europäische Zentralbank (EZB), einige nationale Zentralbanken (darunter auch die Deutsche Bundesbank) und die im SWIFT-Vorstand repräsentierten Bankenkonsortien einräumen, dass sie von der Übermittlung der Bankdaten an US-Behörden wussten. Zu ihrer Verteidigung führten sie an, sie hätten an der Rechtmäßigkeit der Zugriffe nicht gezweifelt.

Vor dem Europäischen Parlament beharrte EZB-Präsident Jean-Claude Trichet darauf, dass die Informationen, welche die Europäische Zentralbank im Rahmen der Aufsicht über SWIFT erhält, wegen ihres vertraulichen Charakters nicht an die EU-Kommission, Regierungen oder Datenschutzbeauftragte der EU-Mitgliedsstaaten weitergegeben werden durften. Diese Ausführungen überzeugten die meisten Europaparlamentarier nicht. SWIFT unterliegt als in Belgien gelegene Genossenschaft dem belgischen Datenschutzgesetz, und die Finanzinstitute, die sich der Dienstleistungen von SWIFT bedienen, den jeweiligen nationalen Datenschutzvorschriften. Insofern vertraten Datenschützer und Abgeordnete des Europäischen Parlaments einhellig die Meinung, dass SWIFT nicht allein aufgrund von US-Recht agieren durfte, soweit dies nicht gegen europäisches Recht verstieß.

Die Datenschutzaufsichtsbehörden der EU-Mitgliedsstaaten stellten einstimmig fest, dass die Praxis des SWIFT-Rechenzentrums sowohl nach nationalem Recht als auch nach EU-Datenschutzrecht unzulässig war. Deshalb haben die Datenschutzbeauftragten die Banken aufgefordert, die Einhaltung des Datenschutzrechts sicherzustellen. Unabhängig davon müssen sie ihre Kunden darüber informieren, dass im Falle der Weiterleitung von grenzüberschreitenden Zahlungsaufträgen die Datensätze auch an ein in den USA ansässiges SWIFT Operating Center übermittelt werden und eventuell Gegenstand von Ermittlungen durch US-Behörden sein können.[43]

Inzwischen zeichnet sich ab, dass SWIFT seine Infrastruktur grundlegend ändert. Insbesondere würden nach diesen Überlegungen nicht mehr alle Daten in beiden Rechenzentren gespiegelt, mit der Konsequenz, dass im US-Rechenzentrum nur noch die Daten von Überweisungen aus den oder in die Vereinigten Staaten von Amerika gespeichert werden. Die Realisierung dieser Überlegungen wäre ein wichtiger Erfolg für den Datenschutz.

Antiterrorlisten

Die USA führen mehrere Listen, in die Personen eingetragen werden, von denen man einen Zusammenhang mit dem Terrorismus vermutet. Auch der Sanktionsausschuss der Vereinten Nationen hat Listen über terrorverdächtige Personen und Organisationen beschlossen. Personen, die auf diesen Listen erscheinen, unterliegen umfangreichen Beschränkungen, die von Wirtschafts- und Finanzsanktionen über Einreiseverbote bis hin zum Einfrieren ihrer Gelder und anderer Vermögenswerte reichen. Ein Eintrag in den genannten Listen kann gravierende existenzielle Folgen haben, wie das obige Beispiel belegt. Vielfach sind diese Personen nicht eindeutig bezeichnet, und es kommt zu Verwechslungen mit schwerwiegenden Folgen für völlig unverdächtige Personen. Besonders problematisch ist, dass gegen die Aufnahme in die Listen kein Rechtsschutz besteht. Die Datenschutzbeauftragten haben daher die Bundesregierung aufgefordert, bei den Vereinten Nationen und in der Europäischen Union auf die Einhaltung der rechtsstaatlich gebotenen Standards zu dringen. Dazu gehören insbesondere ein transparentes Listingverfahren, Entscheidungen auf einer gesicherten Tatsachenbasis, ein zweifelsfreier Identitätsnachweis und effektiver Rechtsschutz. Leider blieben diese Bemühungen bislang ohne Erfolg.

Zunehmende staatliche Befugnisse verlangen nach zusätzlichen unabhängigen Kontrollen, ob die Sicherheitsbehörden bei ihrer Umsetzung die rechtlichen Grenzen einhalten. Daher müssen die Handlungsmöglichkeiten der parlamentarischen Kontrollgremien effektiver ausgestaltet werden, und auch die Datenschutzbehörden müssen endlich sachlich und personell in die Lage versetzt werden, ihre zunehmend bedeutsame Aufgabe zu erfüllen.

Der Staat verlagert seine Aktivitäten immer weiter in das Vorfeld der Strafverfolgung und der Gefahrenabwehr. Sicherheitsbehörden konzentrieren sich nicht mehr auf die Beseitigung konkreter Gefahren und die Verfolgung begangener Straftaten, sondern sie gehen zunehmend der bloß abstrakten Möglichkeit von noch nicht einmal geplanten Taten nach. Dabei werden immer mehr Daten auf Vorrat gesammelt und damit eine Vielzahl unverdächtiger Menschen erfasst. Auch »unbescholtene« und völlig unverdächtige Bürgerinnen und Bürger werden als Risikofaktoren behandelt, ohne dass sie dafür irgendeinen Anlass gegeben haben. Dieses neue Verständnis von innerer Sicherheit schränkt die Freiheitsrechte immer weiter ein. So wurden ursprünglich zur Terrorismusbekämpfung geschaffene Befugnisse immer weiter ausgedehnt und bleiben nicht mehr auf Terrorverdächtige beschränkt, wie etwa beim Kontodatenabruf deutlich wird (vgl. 3.8).

Eine kritische Öffentlichkeit, die bei jeder Maßnahme gute Begründungen einfordert, könnte diese gefährlichen Tendenzen aufhalten. Entscheidend sind jedoch die Parlamente, die auch und gerade in schwierigen Lagen ihre Kontrollaufgaben wahrnehmen müssen. Sie können etwa die während aktueller Bedrohungssituationen eingeführten Befugnisse befristen und müssen sie immer wieder auf den Prüfstand stellen. Nur so besteht die Chance, dass Einschränkungen wieder zurückgenommen werden, die sich als nicht zweckmäßig, als unangemessen oder als nicht mehr erforderlich erweisen.

3.6 Bürger unter Generalverdacht?

Wie weit und mit welchen Methoden der Staat in Bürgerrechte eingreifen darf, unterscheidet Rechtsstaaten von autokratischen und diktatorischen Regimen. In Rechtsstaaten wird die Macht staatlicher Stellen durch Gesetze beschränkt, deren Einhaltung durch unabhängige Gerichte überwacht wird. Von besonderer Bedeutung sind die rechtsstaatlichen Grenzen bei der Gewährleistung der öffentlichen (oder »inneren«) Sicherheit und bei der Verfolgung von Straftaten. Hierfür sind in Deutschland – wie in vielen anderen demokratischen Staaten – unterschiedliche Stellen zuständig.

Die Polizei hat die Aufgabe, Gefahren für »Sicherheit und Ordnung« abzuwehren. Zugleich handeln Polizisten als »Ermittlungspersonen der Staatsanwaltschaft« und sind an deren Weisungen gebunden. Zur Durchsetzung ihrer Aufgaben kann die Polizei entsprechend ihren gesetzlichen Befugnissen Zwangsmittel einsetzen (etwa Durchsuchungen, Zeugenbefragung, Beschlagnahme, Verhaftung). Polizeibehörden verwenden neben offenen Ermittlungsmethoden in zunehmendem Maß auch »besondere Mittel« der Datenerhebung, zum Beispiel die Observation, den Einsatz verdeckter Ermittler oder die Rasterfahndung (vgl. 3.5).

Sehr bedenklich ist es, dass die Polizei immer weiter im Vorfeld von Straftaten oder konkreten Gefährdungssituationen Daten erhebt. Ein wichtiges Stichwort ist hier die »vorbeugende Bekämpfung von Straftaten«. Dabei handelt es sich weder um Strafverfolgung noch um Gefahrenabwehr im klassischen Sinne. Vielmehr wird aufgrund von abstrakten Gefährdungseinschätzungen angenommen, dass von bestimmten Personen, insbesondere wenn sie schon einmal straffällig geworden sind, weitere Gefahren ausgehen. Diesen Gefahren will man vorbeugen, indem man die betroffene Person beobachtet oder besonders registriert, etwa durch erkennungsdienstliche Behandlung, Erfassung in polizeilichen Datenbanken oder auch durch Aufnahme ihrer DNA-Daten in eine zentrale, vom BKA geführte Datei. Die so gewonnenen Erkenntnisse könnten ja irgendwann nützlich sein, wenn die Person (wieder) straffällig wird.

Besonders problematisch ist es, dass zunehmend auch ohne jeglichen Anfangsverdacht und ohne das Vorliegen einer konkreten Gefahr Daten gesammelt werden, etwa bei der Vorratsspeicherung von Telekommunikationsdaten (vgl. 3.3) oder bei der automatischen Auswertung von Kfz-Kennzeichen (vgl. 2.5). Im Grunde handelt es sich dabei um die logische Fortführung der bereits dargestellten Argumentationslinie, allerdings mit dem Unterschied, dass hier ganz überwiegend Daten von Menschen erfasst werden, die sich nichts haben zuschulden kommen lassen und bei denen auch keinerlei Anhaltspunkte vorliegen, dass sie jemals straffällig werden. Letztlich handelt es sich also um einen Generalverdacht gegen jedermann.

Die Tendenz, die polizeiliche Datenerhebung immer weiter vorzuverlegen und auszuweiten, bedroht letztlich den Rechtsstaat. Die Eingriffsschwellen für staatliche Überwachung und Registrierung werden dabei immer weiter abgesenkt und drohen zu verschwinden. Setzt sich diese Entwicklung fort, könnten letztlich Daten über jedermann in nahezu allen Lebenslagen erhoben und gespeichert werden, da ja nicht auszuschließen ist, dass die Daten in irgendeinem Zusammenhang der Gefahrenabwehr nützen oder die Strafverfolgung erleichtern können.

Nicht jede geforderte und beschlossene Befugniserweiterung genügt den strengen Bedingungen unserer Verfassung. Es ist zwar erfreulich, dass das Bundesverfassungsgericht in den letzten Jahren manche zu weit gehende polizeiliche oder nachrichtendienstliche Befugnis, etwa zur akustischen Wohnraumüberwachung (vgl. 3.2), die Rasterfahndung, die präventive polizeiliche Telekommunikationsüberwachung oder die Befugnisse des BND zur strategischen Fernmeldeüberwachung, korrigiert hat. Von den Parlamenten und den Regierungen ist allerdings zu fordern, dass derartige Grenzüberschreitungen gar nicht erst vorkommen.

Polizei und Nachrichtendienste rücken zusammen

Nie wieder sollte es in Deutschland eine Geheime Staatspolizei (Gestapo) geben – darin waren sich die Mütter und Väter des Grundgesetzes und die Alliierten nach dem Zweiten Weltkrieg einig. Deshalb wurden polizeiliche und nachrichtendienstliche Befugnisse strikt getrennt und den verschiedenen Behörden unterschiedliche Befugnisse zugewiesen. Dieses sogenannte »Trennungsgebot« hat Verfassungsrang. Angesichts der Erfahrungen mit dem Ministerium für Staatssicherheit (Stasi) der DDR (vgl. 1.4) ist es nicht verwunderlich, dass einige ostdeutsche Bundesländer das Trennungsgebot ausdrücklich in die Landesverfassungen aufgenommen haben (Sachsen, Brandenburg und Thüringen). Das Trennungsgebot steht seit Längerem unter Beschuss. Bereits 1998 forderte der frühere Bundesinnenminister Manfred Kanther (CDU), die Hürden bei der Zusammenarbeit zwischen Geheimdienst und Polizei zu beseitigen. Die Aufweichung der Trennung zwischen Polizei und Nachrichtendiensten wird vor allem mit der Terrorismusbekämpfung begründet (vgl. 3.5). So wurde bereits kurze Zeit nach den Anschlägen vom 11. September 2001 von Innenpolitikern gefordert, die Datenbestände von Polizei und Nachrichtendiensten miteinander zu verknüpfen oder sogar in einem gemeinsamen Datenpool zusammenzulegen.

Auch wenn diese Forderung auf den ersten Blick plausibel erscheint, dürfen die mit einer Zusammenfassung der sehr unterschiedlichen Informationsbestände verbundenen Gefahren nicht unterschätzt werden. Wenn ungesicherte nachrichtendienstliche Informationen ungefiltert der Polizei zur Verfügung stehen, wären zumindest dieser Teil des polizeilichen Wissens und die damit in Zusammenhang stehenden Aktivitäten nicht mehr in vollem Umfang gerichtlich überprüfbar. Ein Vollverbund der Sicherheitsbehörden würde zudem die Tendenz verstärken, dass die für die Sicherheit zuständigen Behörden ein immer schwieriger zu durchschauendes und demokratisch zu steuerndes Eigenleben entwickeln. Die bei den Ermittlungen des BND-Untersuchungsausschusses 2007 bekannt gewordenen Aktivitäten von Mitarbeitern der Nachrichtendienste liefern ein warnendes Beispiel dafür, wie sich das Fehlen einer umfassenden gerichtlichen Kontrolle auswirken kann.

Im Vergleich mit der Polizei ist das Arbeitsfeld der Nachrichtendienste deutlich weiter gefasst. Sie sammeln Informationen über extremistische oder verfassungsfeindliche »Bestrebungen« und handeln dabei verdeckt. Ihr Aufgabenspektrum reicht von der Spionageabwehr über die Terrorismusbekämpfung bis zur Beobachtung religiöser Sekten. Die Dienste sammeln Informationen bereits sehr weit im Vorfeld. Sie erfassen auch solche Daten, die von Informanten oder von ausländischen Nachrichtendiensten stammen und deren Wahrheitsgehalt nicht gesichert ist. Davon betroffen sind auch Personen, die sich völlig legal verhalten, keinerlei Straftaten planen oder auch nicht auf andere Weise zu Gefährdungen beitragen. Insbesondere kommt es zu derartigen Konstellationen, wenn es sich um »Kontakt- oder Begleitpersonen« handelt.

Die Vernetzung und Kooperation von Polizei und Nachrichtendiensten ist in den letzten Jahren erheblich ausgebaut worden. So hat Ende 2004 in Berlin ein gemeinsames Terrorismusabwehrzentrum (GTAZ) seine Arbeit aufgenommen, in dem Beamte des Bundeskriminalamts, der Landeskriminalämter und der Nachrichtendienste zusammenarbeiten. Überprüfungen des GTAZ haben schwerwiegende datenschutzrechtliche Mängel offenbart. Es wurde festgestellt, dass das BKA eine Vielzahl personenbezogener Daten ohne Rechtsgrundlage an das Bundesamt für Verfassungsschutz übermittelt hatte. Diese Daten waren weder zur Terrorismusbekämpfung noch zur sonstigen Aufgabenerfüllung des Verfassungsschutzes erforderlich.

Auch bei der im Frühjahr 2007 in Betrieb genommenen gemeinsamen »Antiterrordatei« von Polizeibehörden und Nachrichtendiensten erhebt sich die Frage, ob sie mit dem Trennungsgebot vereinbar ist. Die Nachrichtendienste stellen nicht nur Daten über Terrorverdächtige, sondern auch über »Kontaktpersonen« in die gemeinsame Datei ein. So könnten etwa die Daten von Bewohnern eines Studentenwohnheims, in dem auch ein Terrorverdächtiger wohnen soll, Familienangehörigen von Zielpersonen oder Anwälten in die Datei aufgenommen werden, ohne dass diese Personen irgendetwas mit terroristischen Bestrebungen zu tun haben. Bemerkenswert ist, dass bereits bei Aufnahme des Wirkbetriebs mehr als 13 000 Personen in der Antiterrordatei gespeichert waren und nicht nur die »rund hundert terroristischen Gefährder«, von denen im Vorfeld der Gesetzgebung bisweilen die Rede war.

Angesichts der aktuellen Diskussion darf nicht vergessen werden, dass die Trennlinien zwischen Nachrichtendiensten und Polizei bereits seit Jahren verschwimmen. Die Polizeibehörden erhalten in immer stärkerem Umfang verdeckte Ermittlungsbefugnisse, die bisher den Nachrichtendiensten vorbehalten waren (etwa Observation, verdeckte akustische oder optische Überwachung, Einsatz verdeckter Ermittler). Zu den verdeckten Ermittlungsmethoden gehören auch die Rasterfahndung (vgl. 3.5) und die präventive Telekommunikationsüberwachung (vgl. 3.3). Kritiker bezeichnen diese Entwicklung zu Recht als »Vergeheimdienstlichung« der Polizei.

Verdeckte Ermittlungsmethoden sind rechtsstaatlich insbesondere deshalb problematisch, weil sie ihrer Natur nach ohne Kenntnis der von ihnen betroffenen Personen ablaufen. Zwar müssen die meisten verdeckten Ermittlungsmaßnahmen durch einen Richter angeordnet werden (jedenfalls im Regelfall – in sehr dringenden Angelegenheiten kann auch der Staatsanwalt einspringen), doch muss sich der Richter bei seiner Entscheidung auf die einseitige Darstellung der Strafverfolgungsbehörden verlassen. Dies wird nur teilweise dadurch kompensiert, dass die Betroffenen im Nachhinein zu informieren sind. Zudem zeigen die praktischen Erfahrungen, dass die gesetzlich vorgesehene Unterrichtung allzu häufig unterbleibt.

Zwar sind die der Polizei zur Verfügung stehenden verdeckten Ermittlungsmethoden gesetzlich – in der Strafprozessordnung und in den Polizeigesetzen – geregelt und unterscheiden sich in dieser Hinsicht von den nachrichtendienstlichen Mitteln, deren sich BND, MAD und Verfassungsschutz bedienen. Hinsichtlich der Ausführung ähneln sie sich jedoch wie ein Ei dem anderen: Ob ein Telefon von der Polizei oder vom Verfassungsschutz abgehört wird, mag rechtlich einen Unterschied machen; technisch ist es jedoch das Gleiche. Aufschlussreich ist in diesem Zusammenhang, dass Vertreter der Nachrichtendienste immer wieder ihr Missfallen über die Tendenz ausdrücken, dass die Polizei verstärkt in ihrem Arbeitsfeld »wildere« und sich dabei sogar der gleichen Mittel wie sie bediene.

Auch die Arbeitsfelder von Polizei und Nachrichtendiensten überschneiden sich immer stärker. Die Aufgaben und auch die Beobachtungsobjekte der diversen Behörden waren bei deren Einrichtung nach der Gründung der Bundesrepublik Deutschland noch klar voneinander geschieden. Die Polizei widmete sich der Strafverfolgung und der Gefahrenabwehr, der Verfassungsschutz sammelte Informationen über verfassungsfeindliche Bestrebungen, der Bundesnachrichtendienst konzentrierte seine Aktivitäten (zumindest offiziell) auf das Ausland, während der später eingerichtete Militärische Abschirmdienst die Sicherheitsbelange der Bundeswehr zu schützen hatte. Heute stellt sich die Situation völlig anders dar: Der Verfassungsschutz hat neben der Beobachtung des Extremismus auch die Bekämpfung des internationalen Terrorismus zu bewerkstelligen. Ferner soll er in einigen Bundesländern die Organisierte Kriminalität bekämpfen und Informationen über religiöse Sekten sammeln. Der Bundesnachrichtendienst richtet seine Augen verstärkt auch ins Inland und kümmert sich um internationalen Rauschgift- und Waffenhandel sowie die internationale Geldwäsche.

Dass die zunehmende Überlappung bei Aufgaben und Aktionsfeldern kontraproduktiv ist, wird immer deutlicher. So lehnte das Bundesverfassungsgericht 2003 die Verbotsanträge gegen die NPD vor allem deshalb ab, weil sich in deren Führungsgremium die V-Leute verschiedener Sicherheitsbehörden gegenseitig beobachteten und den Kurs der Partei maßgeblich beeinflusst hatten.

Da sich Sicherheitsapparate generell gegen Blicke von außen abzuschotten pflegen, sind Tendenzen zu ihrer Verselbstständigung hier besonders ausgeprägt. Kontrollen – von wem auch immer, durch Gerichte, parlamentarische Gremien und Datenschutzbeauftragte – werden von ihnen vielfach eher als lästig erachtet. Umso wichtiger ist es, genau diese Kontrollfunktionen zu stärken und die Kontrollen zu koordinieren, was bislang viel zu wenig geschieht. Dies würde letztlich auch der öffentlichen Sicherheit nützen, denn Apparate, die man sich selbst überlässt, arbeiten erfahrungsgemäß nicht allzu effektiv.

3.7 Die Kehrseite des Sozialstaats

Die Bürger werden nicht nur als Sicherheitsrisiko betrachtet, sondern sie werden auch fürsorglich überwacht. Eine Vielzahl von Institutionen soll uns in besonderen Lebenslagen und in ganzen Lebensabschnitten unterstützen. Arbeitslosenversicherung, Rentenversicherung, Krankenversicherung und Sozialhilfe sollen den Einzelnen auch in persönlichen Notlagen auffangen. Der Geldbetrag, der jährlich über Sozialleistungen umverteilt wird, übersteigt bei Weitem die Größenordnung des Bundeshaushalts.

Während der polizeilichen Datenverarbeitung »das Kainsmal der Überwachung«[44] quasi auf die Stirn geschrieben ist, bringt kaum jemand den Sozialstaat mit dem Begriff »Überwachung« in Verbindung. Gleichwohl sind die Sozialleistungsträger mit Abstand diejenigen staatlichen Institutionen, die am meisten über die Bürger wissen und die über die umfangreichsten personenbezogenen Datensammlungen verfügen. Die von ihnen gespeicherten Informationen sind zudem besonders sensibel, etwa Angaben über den Gesundheitszustand, zur Bedürftigkeit, über Familienzusammenhänge.

Auch wenn es bislang keinen zentralen Datenpool gibt, in dem die Daten aller Sozialversicherungen gemeinsam gespeichert sind, werden gleichwohl die Datenbestände immer stärker miteinander vernetzt. Strukturelle Veränderungen des sozialen Sicherungssystems haben immer umfangreichere Datenbanken zur Folge. Da verschiedene Leistungssysteme miteinander verflochten sind und unterschiedliche Sozialleistungen gegeneinander aufgerechnet werden müssen, werden zunehmend Daten abgegli-

157

chen. Dabei werden neben Sozialleistungsträgern weitere staatliche Stellen einbezogen, etwa Steuerbehörden. Der Datenabgleich soll Fälle aufdecken, in denen rechtswidrig mehrere Sozialleistungen in Anspruch genommen werden. Diese Durchrasterung verschiedener Datenbanken ist datenschutzrechtlich bedeutsam, weil die Daten dabei für andere Zwecke als den ursprünglichen Erhebungszweck verwendet werden und weil sie durchgeführt wird, ohne dass ein Verdacht gegen die Betroffenen vorliegt. Insofern ähnelt sie der Rasterfahndung (vgl. 3.5).

Ein besonders spektakuläres Beispiel war der Abgleich von Daten von BAföG-Empfängern mit steuerlichen Freistellungsaufträgen. Dabei wurden die Daten der Empfänger von Stipendien nach dem Bundesausbildungsförderungsgesetz mit Daten aus Freistellungsaufträgen abgeglichen, die beim Bundesamt für Finanzen registriert sind. Ziel war es dabei, Personen herauszufinden, die eigenes Einkommen und Vermögen bei der Beantragung des Stipendiums verschwiegen hatten. Im Ergebnis wurden bei Tausenden von Stipendienempfängern die Bewilligungsbescheide widerrufen, Gelder zurückgefordert und gegen die Begünstigten Betrugsverfahren eingeleitet. Auch bei der Gewährung von Sozialhilfe und von Arbeitslosengeld II (ALG II) finden Abgleiche mit anderen Datenbeständen statt, um von den Antragstellern möglicherweise verschwiegene Renten oder Ersparnisse ausfindig zu machen.

Als das Arbeitslosengeld II eingeführt wurde, lösten die umfangreichen Antragsformulare eine Flut von Protesten und Beschwerden aus. Gefragt wurde nicht nur nach den persönlichen Lebensumständen und Vermögensverhältnissen der Antragsteller, sondern auch nach Daten von Mitbewohnern und Verwandten. So sollte insbesondere geklärt werden, ob der Antragsteller in einer »Bedarfsgemeinschaft« wohnt, über sonstiges Einkommen oder Vermögen verfügt und ob er durch Verwandte oder Mitbewohner unterstützt werden könnte. Die Antragsbögen enthielten zunächst in beträchtlicher Zahl auch Fragen nach solchen Angaben, die für die Leistungsberechnung gar nicht erforderlich waren.

Zwar ist es den Datenschutzbeauftragten in mühsamen Verhandlungen gelungen, eine Änderung der Fragebögen durchzusetzen. Das Grundproblem konnte dabei aber nicht aus der Welt geschafft werden: Das ALG II ist – wie die Sozialhilfe – subsidiär zu anderen Sozialleistungen, das heißt, es wird in Abhängigkeit von der individuellen Bedürftigkeit gezahlt. Wenn also jemand über andere Einkommensquellen oder über nennenswertes Vermögen verfügt, müssen diese Mittel zunächst aufgebraucht werden. Deshalb lässt sich eine individualisierte Bedürftigkeitsprüfung kaum vermeiden. Nur wenn der Betroffene den Nachweis führt, dass er keine anderen Möglichkeiten hat, seinen Lebensunterhalt zu bestreiten, erhält er ALG II. An diesem Beispiel wird deutlich, dass manche Datenschutzprobleme eng mit der Grundkonzeption der Leistungssysteme verbunden sind und sich nicht isoliert lösen lassen.

Als sich herausstellte, dass die Kosten beim ALG II weit über den Erwartungen lagen, hielt man sich nicht allzu lange mit Ursachenforschung auf, sondern hatte bald die Schuldigen gefunden. Wolfgang Clement, Bundeswirtschaftsminister der rot-grünen Koalition, hatte dazu eine Broschüre[45] veröffentlichen lassen, die anhand von Fallbeispielen belegen sollte, dass die Sozialleistungen in großem Umfang von nicht berechtigten Personen in Anspruch genommen werden. Gleichzeitig wurde in der Öffentlichkeit vielfältiger »Missbrauch« angeprangert. Bei etlichen der als »Missbrauch« gebrandmarkten Fälle war der Sozialleistungsbezug allerdings völlig legal, etwa wenn erwachsene Kinder aus dem Elternhaus auszogen und ihnen damit ein eigener Unterstützungsanspruch zukam. Sicherlich kann man unterschiedlicher Auffassung darüber sein, ob die Gestaltung der Wohnverhältnisse moralisch gerechtfertigt ist, wenn damit lediglich bezweckt wird, dass die betroffenen Personen nicht als »Bedarfsgemeinschaft« mit gegenseitiger Unterstützungspflicht eingestuft werden. Andererseits sollte nicht in Vergessenheit geraten, dass es sich bei derartigen Gestaltungen um ein völlig legales Verhalten handelt, das in anderen Bereichen anstandslos akzeptiert wird, etwa wenn es um steuerliche Sachverhalte geht.

Kostendruck gegen Datenschutz

Die Krankenkassen, die Pflege- und die Rentenversicherung sammeln ebenfalls Daten des weitaus größten Teils der Bevölkerung. Auch hier reagieren viele Politiker mit Forderungen nach einer intensivierten Kontrolle auf den anhaltenden Kostendruck. Immer mehr Daten über den Gesundheitszustand, die erbrachten Pflege- und Behandlungsleistungen und zur individuellen Leistungsfähigkeit werden gespeichert. Bis 2003 übermittelten Ärzte und Zahnärzte ihre Abrechnungsunterlagen ausschließlich an die kassenärztlichen Vereinigungen. Durch diese Arbeits- und Funktionsteilung wurde verhindert, dass die Kassen Einblick in sensible Gesundheitsdaten erhielten. Im Jahr

2003 wurde das Abrechnungsverfahren im ambulanten Sektor geändert. Seither erfahren die Krankenversicherungen, wie es um den Gesundheitszustand der einzelnen Versicherten bestellt ist, denn ihnen werden die jeweiligen Behandlungsaktivitäten von den »Leistungserbringern«, also insbesondere von den Ärzten, mitgeteilt. Immerhin hat der Bundestag aufgrund der datenschutzrechtlichen Kritik klargestellt, dass die Krankenkassen diese Daten nur für Abrechnungs- und Prüfzwecke nutzen dürfen (strikte Zweckbindung). Ob sich diese gesetzlichen Begrenzungen auf Dauer aufrechterhalten lassen, ist angesichts der Kostenentwicklung im Gesundheitswesen und des damit verbundenen Reformdrucks eher fraglich.

Durch Krankenhausentlassungsberichte und Pflegedokumentationen erhalten die Kassen weitere höchst sensible Informationen. So offenbaren Pflegedokumentationen neben Angaben zum Gesundheitszustand detaillierte Angaben über die Versorgungsbedürftigkeit der Pflegebedürftigen. Jeder Handgriff und jede Hilfestellung werden penibel festgehalten und gelangen – falls sie an die Versicherungen übermittelt werden – zur Kenntnis der Sachbearbeiter. Gegebenenfalls werden diese Informationen in automatisierte Dokumentenverwaltungssysteme eingestellt. Im Regelfall geht es nicht etwa um die Frage, wie den Betroffenen besser geholfen werden kann, sondern einzig und allein um die Kontrolle der Pflegedienste. Diese Streuung intimster Daten ist aus Gründen des Persönlichkeitsschutzes nicht hinzunehmen und muss gestoppt werden.

Das Anliegen der Versicherungen, diese höchstpersönlichen Informationen auszuwerten, ist zwar nachvollziehbar, denn es geht ihnen auch darum, das Gesundheitssystem finanzierbar zu halten und die unrechtmäßige Inanspruchnahme und Abrechnung von Leistungen zu verhindern. Die dabei übermittelten Informationen gehen aber weit über das hinaus, was für Abrechnungszwecke wirklich erforderlich ist. Es ist wohl eine der wichtigsten Aufgaben des Datenschutzes, gerade diejenigen Menschen vor überbordender Kontrolle und Überwachung ihrer persönlichsten Lebensumstände zu schützen, die selbst kaum dazu in der Lage sind, sich dagegen zur Wehr zu setzen.

ELENA – Datensammlung auf Vorrat?

Die fürsorgliche Datenerfassung der Sozialbehörden geht über die reinen Sozialleistungen hinaus. Sie ist zum Beispiel auch mit dem elektronischen Einkommensnachweis (kurz ELENA, früher »JobCard«) verbunden. Projektziel ist ein System zur Verwaltung von Verdienst-, Entgelt- und Arbeitsbescheinigungsdaten für eine Vielzahl sozialrechtlicher Verfahren. Diese Daten, die auf einer Vielzahl von Einkommensdefinitionen aufbauen, sollen in einem gemeinsamen System zusammengeführt werden. Die Datensammlung soll die bislang vom Arbeitgeber zu bescheinigenden Daten (etwa Höhe von Entgeltzahlungen, Daten zu den Beschäftigungszeiten) enthalten. Die Bescheinigungen sollen danach nicht mehr von den Arbeitgebern erstellt, sondern durch eine Zentrale Speicherstelle elektronisch ausgefertigt werden. Dabei sollen die jeweils erforderlichen Daten nur im Bedarfsfall abgerufen werden und im EDV-System der jeweiligen Sozialbehörde elektronisch zur Verfügung stehen.

Angesichts des Umfangs des geplanten zentralen Datenbestands stellt sich naturgemäß die Frage nach der datenschutzrechtlichen Bewertung. Zunächst ist zwar geplant, den Verwendungszweck gesetzlich auf die Erteilung der genannten Bescheinigungen festzulegen. Aber wird es bei dieser klaren Zweckbegrenzung bleiben? Eine seriöse Antwort fällt schwer, denn bereits jetzt hört man die Forderung, die Daten für einen völlig anderen Zweck, nämlich zur Bekämpfung der Schwarzarbeit, einzusetzen. Insbesondere wegen dieser Zweifel wurden auf Anregung der Datenschutzbeauftragten eine Reihe technischer und organisatorischer Maßnahmen getroffen, die einen Missbrauch ausschließen sollen und zugleich einer Zweckänderung der Daten entgegenwirken. So sollen die Daten verschlüsselt gespeichert werden, und der Zugriff soll nur möglich sein, wenn der Betroffene seine Signaturkarte bei der Sozialbehörde vorlegt, von der er eine Sozialleistung erhalten will. Nur wenn sowohl die Karte des Leistungsberechtigten als auch diejenige des Behördenmitarbeiters vorliegen, sollen die Daten abgerufen werden können.

Trotz dieser datenschutzrechtlichen Einhegungen bleibt ELENA ein Projekt von erheblicher Brisanz. Es erscheint zwar vordergründig sinnvoll, die mehr als vierzig unterschiedlichen Einkommensbegriffe, die im Sozial- und Steuerwesen verwendet und für diverse Bescheinigungen benötigt werden, zukünftig in einem einheitlichen elektronischen System zu verwalten und damit Sozialbehörden und Arbeitgeber zu entlasten. Dieses Ziel ließe sich aber womöglich auch erreichen, wenn die unübersichtlichen Begrifflichkeiten vereinheitlicht würden. Außerdem ließe sich damit der für die Datenverarbeitung erforderliche Aufwand drastisch reduzieren. Nicht zu Unrecht wird seit langer Zeit die Kritik geäußert, dass durch den

Computereinsatz anachronistische Strukturen aufrechterhalten werden, indem er die Verwaltung ansonsten nicht mehr handhabbarer Verfahrensabläufe und Datenmengen ermöglicht. Die zunehmende Nutzung von Informationstechnologie führt damit nicht zwangsläufig zu mehr Flexibilität. Dies gilt nicht nur für unser Sozialwesen.

3.8 Dürfen Finanzbehörden alles wissen?

Wer zahlt schon gern Steuern? Häufig ist es lediglich die Einsicht in die Notwendigkeit, bisweilen aber nur der Zwang des Gesetzes, der die Bürger dazu veranlasst, gegenüber dem Finanzamt den geforderten Obolus zu entrichten. Vielfältig sind auch die Tricks, mit denen die Steuerlast möglichst gering gehalten oder die Steuerzahlung gänzlich vermieden werden soll. Dabei sind die Möglichkeiten zur legalen oder illegalen »Steuergestaltung« sehr ungleich verteilt. Während die Lohnsteuer bei Arbeitnehmern direkt vom Lohn abgezogen wird, sind die Möglichkeiten zur Steuervermeidung für Selbstständige und Unternehmen ungleich größer.

Es liegt auf der Hand, dass Finanzbehörden versuchen, dem »Volkssport« Steuerhinterziehung zu Leibe zu rücken. Dies ist nicht nur legal, sondern auch legitim. Es stellt sich allerdings die Frage, wie weit die Finanzämter hierbei gehen und welche Mittel sie für diesen Zweck einsetzen dürfen. Hinzu kommt, dass auch andere staatliche Stellen, etwa Sozial- und Strafverfolgungsbehörden, bisweilen an Daten über den finanziellen Status, Bankverbindungen und den Zahlungsverkehr interessiert sind. Datenschutzrechtlich bedeutsam sind dabei vor allem die

Befugnisse der Behörden, auf personenbezogene Daten zuzugreifen, die von den Banken gespeichert werden.

Missverständnis Bankgeheimnis

Bei Diskussionen über den staatlichen Zugang zu Finanzdaten wird häufig mit dem Begriff »Bankgeheimnis« operiert. Das Bankgeheimnis ist allerdings in erster Linie ein Missverständnis. Vielfach gehen die Bankkunden und die Öffentlichkeit davon aus, dass die Daten über den Zahlungsverkehr gesetzlich besonders geschützt seien, wie zum Beispiel die Telefondaten durch das Fernmeldegeheimnis, die medizinischen Angaben durch die ärztliche Schweigepflicht oder die Sozialdaten durch das Sozialgeheimnis. Dies ist ein – allerdings weit verbreiteter – Irrtum. Das Bankgeheimnis beruht in Deutschland (anders als in der Schweiz und in Österreich) allein auf einer vertraglichen Zusicherung der Kreditwirtschaft gegenüber den Bankkunden. Die Erklärung, in der sich die Bank zur Verschwiegenheit bezüglich aller kundenbezogenen Tatsachen und Wertungen verpflichtet, ist in den Allgemeinen Geschäftsbedingungen (AGB) der Kreditinstitute enthalten. Die Verschwiegenheitspflicht wird bereits in der Phase der Geschäftsanbahnung begründet und umfasst auch die Zeit nach der Beendigung der Geschäftsverbindung. Die entsprechenden AGB-Formulierungen entfalten allerdings keine Wirkung gegenüber staatlichen Stellen, die aufgrund gesetzlicher Befugnisse – etwa Durchsuchungs- oder Beschlagnahmeverfügungen – auf die Bankdaten zugreifen. Das Argument, diese oder jene Maßnahme verstoße gegen das Bankgeheimnis, zieht also gegenüber staatlichen Stellen nicht.

Unabhängig vom Rechtscharakter des Bankgeheimnisses werden bei uns Informationen über die finanziellen Verhältnisse, Geschäftsbeziehungen, Zahlungen an oder von Sozialversicherungsträgern, die Begleichung von Arztrechnungen usw. als besonders schützenswert angesehen. Damit die Kunden den Banken diese Informationen anvertrauen, hat sich die Kreditwirtschaft selbst strikt zur vertraulichen Behandlung verpflichtet. Daraus abgeleitet ist auch eine Zweckbindung, das heißt, die Bankdaten dürfen ohne Einwilligung des Bankkunden weder an Auskunfteien noch an sonstige Dritte weitergegeben, noch für andere Zwecke genutzt werden. Das Bankgeheimnis entfaltet damit zivilrechtliche Konsequenzen. Wenn eine Bank einem Dritten – ohne Einwilligung des Betroffenen – unbefugt Auskünfte über die finanziellen Verhältnisse eines Bankkunden erteilt, hat dieser Unterlassungs- oder Schadensersatzansprüche.

Automatisierter Kontenabruf

Staatliche Auskunftsansprüche und Zugriffsbefugnisse auf Finanzdaten gibt es für verschiedene Zwecke, etwa im Rahmen des Besteuerungsverfahrens oder bei der Kriminalitätsbekämpfung. Sie wurden wiederholt ausgeweitet. So haben die Gesetze zur Terrorismusbekämpfung den Strafverfolgungs- und Polizeibehörden sowie den Nachrichtendiensten (Verfassungsschutz, Bundesnachrichtendienst und Militärischer Abschirmdienst) Befugnisse eingeräumt, Auskünfte über Kundenbeziehungen und Zahlungsverkehr einzuholen. Zudem wurde ein automatisierter Abruf von Kontoinformationen für diese Zwecke beschlossen. Alle Kreditinstitute wurden verpflichtet, eine besondere Datei zu führen, auf deren Inhalt die Bundesanstalt für Finanzdienstleistungsaufsicht (BaFin) automatisiert zugreifen kann, die sie dann an die Strafverfolgungsbehörden weiterleitet. Online abrufbar sind dabei die Kontenstammdaten der Bankkunden, um auf einen Blick festzustellen, mit welchen Instituten eine Person oder ein Unternehmen Kontobeziehungen unterhält.

Das Verfahren, das ursprünglich zur Bekämpfung des internationalen Terrorismus und der Geldwäsche gedacht war, wurde durch das »Gesetz zur Förderung der Steuerehrlichkeit« 2003 auf Finanzämter und weitere Behörden ausgeweitet. Der Kontodatenabruf darf insbesondere dann erfolgen, wenn dies zur Festsetzung oder Erhebung von Steuern erforderlich ist. Die Regelung gibt zudem weiteren Behörden Zugriff auf Bankdaten, wenn sie ein Gesetz anwenden, das »an Begriffe des Einkommensteuergesetzes« anknüpft. Welche Behörden dies sind, geht aus dem Gesetz nicht eindeutig hervor. Da das Einkommensteuerrecht eine Vielzahl von Begriffen verwendet (etwa Einkommen, Einkünfte, Kindergeld), ist nicht klar, welche Behörden die Auskunftsersuchen stellen dürfen. Von der Tatsache des Datenabrufs erfahren die Kreditinstitute und die Kontoinhaber zunächst nichts. In einem beim Bundesverfassungsgericht anhängigen Verfahren wird derzeit geprüft, ob das Kontenabrufverfahren den verfassungsrechtlichen Grundsätzen entspricht.

Eine Lösung könnte die sogenannte Abgeltungssteuer sein, bei der die Kapitalerträge stärker als bisher an der Quelle, also bei den Banken, besteuert werden. Wenn die im Frühjahr 2007 angekündigten Pläne der Bundesregierung realisiert werden, entfiele damit auch die Begründung für den Kontodatenabruf der Finanzbehörden. Gleichwohl hält das Bundesfinanzministerium bislang an seinen Planungen fest, die Kapazitäten zum automatisierten Kontodatenabruf erheblich auszuweiten. Die Rede ist dabei von bis zu 5000 Abrufen täglich.

Allerdings wird das Ministerium seine Planungen wohl überdenken müssen, nachdem das Bundesverfassungsgericht im Juli 2007 die gesetzlichen Vorgaben für den Kontodatenabruf teilweise für verfassungswidrig erklärt hat. Von besonderer Bedeutung ist dabei die Feststellung des Gerichts, dass Kontoabfragen nicht routinemäßig oder »ins Blaue hinein« erfolgen dürfen und sich auf konkrete Verdachtsfälle zu beschränken haben.

Die Zukunft des Bankgeheimnisses ist weiterhin unsicher. Nichts deutet darauf hin, dass das staatliche Interesse am Einblick in die Finanz- und Vermögensverhältnisse der Bürger abnehmen wird. Vielmehr ist zu erwarten, dass angesichts der immer aussagekräftigeren Daten über den Zahlungsverkehr in Zukunft noch stärker auf Transaktionsdaten zugegriffen wird, insbesondere um Straftaten aufzuklären oder um steuerlich relevante Tatsachen aufzuspüren. Eine datenschutzfreundliche Lösung könnte darin bestehen, das Bankgeheimnis – wie in unseren südlichen Nachbarländern – unter gesetzlichen Schutz zu stellen. Ob es dazu kommt, erscheint jedoch mehr als fraglich.

3.9 eGovernment: Elektronische Verwaltung für mehr Bürgernähe?

Die meisten Menschen denken bei »Verwaltung« immer noch an verstaubte Akten, riesige Registraturen und Archive mit unzähligen papiernen Dokumenten. So hat die Verwaltung über Jahrhunderte gearbeitet, und sie hat aus dieser Arbeitsform auch ihre Legitimation abgeleitet.[46] Auf die heutige Verwaltungspraxis trifft diese Beschreibung jedoch vielfach nicht mehr zu. Heute reicht es nicht mehr aus, Dekrete, Vermerke oder sonstige Dokumente »zu Papier« zu bringen, sondern es geht zunehmend um die Frage, wie Administrationsprozesse effektiv unter Einsatz elektronischer Datenverarbeitung abzuwickeln sind. Die britische Regierung strebt an, achtzig Prozent der staatlichen Dienstleistungen (auch) elektronisch zu erbringen, und in den meisten anderen Industriestaaten gibt es ähnliche Ziele.

Für den Datenschutz, für die Privatsphäre des Bürgers hat der Übergang zur elektronischen Verwaltung erhebliche Konsequenzen, denn die Verwaltung weiß nicht nur immer mehr über ihn, sondern sie kann diese Informationen auch in Sekundenschnelle erschließen, miteinander verknüpfen und überprüfen.

Diese Umstellung von Verwaltungsabläufen auf elektronische Verfahren wird mit dem Wort »eGovernment« umschrieben. Seit Jahren gibt es wohl kein Papier über die Modernisierung von Verwaltungsabläufen, bei dem diese neue Wortschöpfung nicht auftaucht. Sie steht für »electronic Government« und bezeichnet – bei wörtlicher Übersetzung – »elektronisches Regieren«. Gemeint ist allerdings wesentlich mehr, nämlich die umfassende Digitalisierung des Verwaltungshandelns, also des Kontakts von Behörden untereinander und der Kommunikation staatlicher Stellen mit Bürgern und Unternehmen. Das Spektrum reicht von der Bereitstellung von Informationen über Behördenöffnungszeiten über die elektronische Bestellung eines Abfallbehälters für Biomüll bis zum elektronisch ausgestellten Anwohnerparkausweis. Selbst die Anmeldung zur Hundesteuer kann in manchen Gemeinden heutzutage online erfolgen.

Die frohe Botschaft lautet: eGovernment soll die Verwaltung schneller, einfacher, effektiver und transparenter machen. Trotzdem beschleicht einen bisweilen ein banges Gefühl, wenn man sich vorstellt, dass die an die Verwaltung herangetragenen Anliegen nicht mehr von Menschen, sondern von Maschinen bearbeitet und bewertet werden sollen. Diesem Problem versucht das Datenschutzrecht dadurch beizukommen, dass Entscheidungen, bei denen Persönlichkeitsmerkmale bewertet werden, nicht ausschließlich automatisiert erfolgen dürfen, sondern letztlich immer von einem Menschen zu verantworten sind. Es darf indes bezweifelt werden, dass dieses »Verbot automatisierter Einzelentscheidungen« überall die gewünschte Wirkung entfaltet, da viele von Computern vorfabrizierte Bescheide nur formal, ohne weitere inhaltliche Prüfung, von menschlichen Sachbearbeitern abgezeichnet werden.

Vielfach wird dabei von »Kundenorientierung« gesprochen, wobei sich die Verwaltung als Dienstleistungsunternehmen versteht. Völlig unbestritten ist natürlich, dass der Bürger bei seinen Kontakten zum Staat unterstützt werden muss, dass über seine Anträge zügig entschieden werden sollte und dass seine Fragen prompt und richtig beantwortet werden müssen. Beschreibt dieses Rollenverständnis aber das Verhältnis der Bürger zum Staat wirklich zutreffend? Verglichen mit der im Obrigkeitsstaat des 19. Jahrhunderts vorherrschenden Vorstellung, die Bürger als Bittsteller zu betrachten, bedeutet die Kundenorientierung sicherlich einen Fortschritt. Der Begriff »Kunde« führt jedoch vielfach auf eine falsche Fährte. Nach dem Menschenbild des Grundgesetzes, wie der Verfassungen aller modernen Demokratien (in denen von »Kunden« übrigens keine Rede ist), hat der Staat die Menschenwürde zu gewährleisten. Den Bürgern stehen Grundrechte zu, die von staatlichen Stellen zu akzeptieren und zu schützen sind. Schließlich darf nicht vergessen werden, dass die Bürger in ihrer Gesamtheit, als Volk, der Souverän sind, von dem alle Macht ausgeht.

Zusammenführung von Bürgerdaten

Die Automatisierung ganzer Verwaltungsabläufe führt zu immer umfangreicheren, rasch abrufbaren Datensammlungen. Die etwa bei einem Bauantrag oder der Beantragung einer Sozialleistung erhobenen Angaben sind im elektronischen Archiv jederzeit verfügbar und können prinzipiell mit Daten aus anderen Vorgängen oder mit solchen anderer staatlicher Stellen abgeglichen werden. Diese technischen Möglichkeiten wecken ein verstärktes Interesse daran, vorhandene Informationen auch für andere Zwecke zu verwenden.

Daten aus verschiedenen Verwaltungsbereichen werden immer häufiger miteinander verknüpft und zu Profilen der Betroffenen zusammengeführt. Bei der Papierakte war dies allein aus Gründen des Zeitaufwands praktisch unmöglich. Die von einer allwissenden Verwaltung ausgehenden Gefahren für die informationelle Selbstbestimmung wurden schon frühzeitig erkannt. So erklärte das Bundesverfassungsgericht bereits 1969[47], dass eine umfassende Registrierung und Katalogisierung der Persönlichkeit durch die Zusammenführung einzelner Lebensdaten und Personaldaten zur Erstellung von Persönlichkeitsprofilen der Bürger unzulässig ist. Dementsprechend wäre die Verwendung eines einheitlichen Personenkennzeichens (PKZ) unzulässig, mit dem sich die verschiedensten staatlichen Datenbestände zusammenführen ließen.

Auch die Vergabe bereichsspezifischer Personenkennzeichen kann datenschutzrechtlich bedenklich sein, wenn diese Nummern letztlich doch in den verschiedensten Verfahren verwendet werden. So wird der in Italien vor einigen Jahren für steuerliche Zwecke eingeführte »Codice Fiscale« inzwischen praktisch als allgemeines Personenkennzeichen genutzt. Praktisch bei jedem Kontakt mit staatlichen oder kommunalen Stellen muss die Steuernummer angegeben werden. Selbst bei Handyverträgen und bei der Bezahlung der Strom- oder Wasserrechnung wird die Nummer verlangt. Aus diesem Grund ist die Einführung einheitlicher Steuernummern, die mit der Geburt vergeben werden und jeden Einzelnen sein Leben lang begleiten sollen, sehr bedenklich.

Der Gesetzgeber hat sich von dieser Kritik allerdings nicht beeindrucken lassen und bereits 2003 die Einführung der Steuer-ID beschlossen. Seit 1. Juli 2007 werden die entsprechenden Daten aus den kommunalen Registern zusammengeführt. Spätestens Ende 2008 soll diese erste Durchnummerierung der deutschen Bevölkerung abgeschlossen sein.

Identitätsmanagement

Das alte Problem, wie sich die Bürger staatlichen Stellen gegenüber identifizieren können, hat mit der elektronischen Kontaktaufnahme eine neue Dimension bekommen. Wie ist bei einem über das Internet gestellten Antrag sicherzustellen, dass es sich bei dem Antragsteller wirklich um die im Formular angegebene Person handelt? Wie kann gewährleistet werden, dass die Daten nicht von Dritten manipuliert wurden? Verstärkt auftretende Fälle, bei denen Betrüger mit gefälschten oder gestohlenen elektronischen Identitätsdaten agieren (»Identity Theft«) und großen Schaden anrichten, unterstreichen die zunehmende Bedeutung der elektronischen Identitätssicherung bzw. »Authentifizierung«.

Die Frage, wie die Identität der Bürger beim Kontakt mit der Verwaltung festgestellt werden kann, darf angesichts der eindeutigen verfassungsrechtlichen Vorgaben nicht durch den vermeintlich einfachen Weg einer Durchnummerierung der Bevölkerung gelöst werden. Ein datenschutzfreundliches Identitätsmanagement muss sichere Prozesse zur Authentifizierung des Nutzers zur Verfügung stellen und zugleich die unzulässige Verwendung seiner Daten verhindern. Insbesondere muss die Verknüpfung von Daten, die von verschiedenen Stellen für unterschiedliche Zwecke erhoben wurden, grundsätzlich unterbleiben.

Erfahrungen aus unserem südlichen Nachbarland zeigen, dass sich ein System realisieren lässt, das diesen Anforderungen genügt. In Österreich ist bereits vor einigen Jahren ein Projekt in Betrieb gegangen, bei dem die Bürger sich gegenüber der Verwaltung mittels elektronischer

Signatur authentifizieren. Dabei werden verschiedene bereichsspezifische »Identitäten« vergeben, je nachdem, ob Sozialhilfe beantragt, Steuern berechnet oder – im privatwirtschaftlichen Verkehr – Waren im Internet bestellt werden. In den Dateien und Akten der Behörden (und Firmen) werden die Bürger jeweils mit unterschiedlichen Identifikationsnummern geführt. Die Zusammenführung der elektronischen Identitäten kann nur fallbezogen und nur dann erfolgen, wenn die unabhängige österreichische Datenschutzkommission mitwirkt. Sie verwaltet den Schlüssel, mit dem allein eine Auflösung der bereichsspezifischen Identitätsnummern vorgenommen werden kann.

Es würde sich lohnen, unter Berücksichtigung der in Österreich gesammelten Erfahrungen auch in Deutschland an die Einführung eines datenschutzfreundlichen Identitätsmanagements zu gehen. Eine solche Lösung wäre jedenfalls dem vermeintlich einfacheren, verfassungsrechtlich aber nicht vertretbaren Weg der Verknüpfung aller Verwaltungsdaten mittels eines einheitlichen allgemeinen Personenkennzeichens vorzuziehen.

3.10 Der registrierte Ausländer

Wer als Ausländer in der Bundesrepublik Deutschland lebt, kann sicher sein, dass ihm die besondere Aufmerksamkeit der Behörden zuteil wird. Zunächst einmal werden von ihm diejenigen Daten erfasst, die auch bei Deutschen regelmäßig gespeichert werden (etwa im Melderegister und bei der Sozialversicherung). Daneben findet eine umfangreiche Registrierung bei den lokalen Ausländerbehörden und im Ausländerzentralregister statt. Wer Asyl oder ein Visum beantragt, dessen Daten werden zudem in europaweiten Datensammlungen gespeichert. Die über Ausländer erfassten Daten sind sehr umfangreich und stehen einer Vielzahl von Behörden und teilweise auch nicht öffentlichen Stellen zur Verfügung. Es gibt keine andere Personengruppe, die in einer vergleichbaren Intensität vom Staat erfasst wird wie unsere »ausländischen Mitbürger«. Zu Recht hat bereits der erste Bundesdatenschutzbeauftragte Hans Peter Bull 1984 die Frage aufgeworfen, warum Ausländer »durch besonders umfangreiche Datenerfassung und -auswertung diskriminiert werden«.[48] Die seitherigen Bundesregierungen haben diese Frage nicht nur unbeantwortet gelassen, sondern den Umfang der Datenerhebung, -verarbeitung und -nutzung mit wechselnden Begründungen noch ausgeweitet. Selbst die europäische Integration mit der »Unionsbürgerschaft« hat weder den ehemaligen Bundesinnenminister Otto Schily noch seinen Amtsnachfolger Wolfgang Schäuble dazu veranlasst, zumindest die EU-Ausländer nicht mehr im Ausländerzentralregister zu erfassen.

Die lokalen Ausländerbehörden führen Akten zur Person des Ausländers, und sie speichern die ausländerrechtlich wesentlichen Daten zusätzlich in speziellen Ausländerdateien. Dabei werden insbesondere die Daten zu laufenden ausländerrechtlichen Verfahren gespeichert (zum Beispiel Antrag auf Erteilung eines Aufenthaltstitels, Asylantrag). Erfasst werden auch Hinweise auf ausländerrechtliche Maßnahmen, etwa räumliche oder zeitliche Aufenthaltsbeschränkung, Ausweisung, Beschränkung der politischen Betätigung.

Andere öffentliche Stellen müssen die Ausländerbehörde unaufgefordert über Ausweisungsgründe und andere den Aufenthaltsstatus berührende Fakten unterrichten. Dies gilt für Meldebehörden, Staatsangehörigkeitsbehörden, Justizbehörden, die Bundesagentur für Arbeit und Gewerbebehörden. So werden Ausländer, die Sozialhilfe beziehen, vom Sozialamt an die Ausländerbehörde gemeldet, weil der Sozialhilfebezug möglicherweise einen Ausweisungsgrund darstellt.

Zusätzlich zu den dezentral bei den Ausländerbehörden gespeicherten Dateien führt das Bundesverwaltungsamt in Köln das Ausländerzentralregister (AZR). Darin werden vor allem Daten von solchen Ausländern gespeichert, die sich nicht nur vorübergehend in Deutschland aufhalten. Daneben enthält das AZR Daten von Asylbewerbern und von Personen, bei denen die Ausweisung oder Abschiebung verfügt wurde. Die AZR-Daten umfassen umfangreiche Angaben zum Status des Betroffenen. Zudem werden bei neu ins AZR aufgenommenen Personen künftig auch digitale Lichtbilder gespeichert werden. Ob zusätzlich auch ihre Fingerabdrücke gespeichert werden sollen, ist noch strittig. Zumindest für den nichtdeutschen Teil der Bevölkerung würde damit erstmalig eine biometrische Zentraldatei geschaffen, die der Deutsche Bundestag in Bezug auf Pässe und Personalausweise bislang einhellig abgelehnt hat (vgl. 2.7).

Besonders bedenklich ist, dass auch Bürger von EU-Mitgliedsstaaten mit Wohnsitz in der Bundesrepublik Deutschland im AZR gespeichert werden. Gegen eine generelle Speicherung dieser Gruppe spricht, dass dabei EU-Bürger ungleich behandelt werden, ohne dass hierfür ein plausibler Grund besteht, denn für Deutsche reicht offenbar – anders als für die hier lebenden nichtdeutschen EU-Bürger – die Erfassung im kommunalen Melderegister aus. Vermutlich wird der Europäische Gerichtshof demnächst über die Zulässigkeit der AZR-Erfassung von Unionsbürgern entscheiden müssen, da die Bundesregierung auf deren Speicherung beharrt.

Das AZR ist eine Art zweites Melderegister, dessen Daten allen öffentlichen Stellen übermittelt werden dürfen. Die Übermittlung von Daten aus dem AZR ist immer dann zulässig, wenn die Empfängerbehörde die Daten für ihre Aufgaben anfordert. Der Übermittlungszweck muss lediglich in den Fällen angegeben werden, in denen nicht nur die Grunddaten überstellt werden. AZR-Daten dürfen auch an nicht öffentliche Stellen übermittelt werden, die ein entsprechendes rechtliches Interesse haben – etwa zur Vollstreckung einer rechtskräftigen Forderung.

Die Übermittlung von Daten aus dem AZR ist in der Regel einzelfallbezogen. Allerdings können auch Gruppenauskünfte an staatliche Stellen erfolgen, insbesondere zur Abwehr von Gefahren für die öffentliche Sicherheit und zur Strafverfolgung. Auch an die Verfassungsschutzbehörden, den Militärischen Abschirmdienst und an den Bundesnachrichtendienst werden unter bestimmten Voraussetzungen AZR-Daten übermittelt. Immer mehr Behörden können auf die AZR-Daten online zugreifen. Mit dem Terrorismusbekämpfungsgesetz wurde auch den Nachrichtendiensten ein solcher Online-Zugriff eingeräumt.

Zusätzlich zu dieser ohnehin schon sehr umfangreichen ausländerrechtlichen Erfassung werden bereits seit Jahren bei allen Asylbewerbern Fingerabdruckdaten erhoben, um Personen zu ermitteln, die bereits unter einer

anderen Identität Asyl beantragt haben. Die Fingerabdruckdaten werden in dem europäischen Datenbanksys-
tem EURODAC gespeichert und können von Behörden
sämtlicher EU-Mitgliedsstaaten abgerufen werden.

Wenn es um den Schutz der Privatsphäre geht, sind
Deutsche und Ausländer gleichermaßen betroffen. Viele
Beispiele belegen zudem, dass bestimmte Maßnahmen,
die sich zunächst auf »Fremde« beschränkten, allmählich
auf die gesamte Bevölkerung ausgeweitet wurden (etwa
die Ausweis- und Meldepflicht). Vieles deutet darauf hin,
dass die gerade begonnene Erfassung biometrischer Merkmale im Ausländerzentralregister den Probelauf für eine
entsprechende biometrische Erfassung auch der deutschen Bevölkerung in Zentralregistern darstellen könnte.

4 Ungehobene Schätze:
Daten als Wirtschaftsfaktor

Bei der Datenschutzdiskussion stehen meist staatliche Stellen im Vordergrund. Dabei dürfen aber Datensammlungen von Unternehmen nicht aus dem Blickfeld geraten, deren Bedeutung ebenfalls ständig wächst. Heute verfügen Unternehmen jedenfalls bei Weitem über mehr personenbezogene Daten als staatliche Stellen. Dies gilt insbesondere für die diversen Kundendaten, die gezielt erhoben werden (etwa bei einer Bestellung) oder eher beiläufig anfallen (wie beim Telefonieren). Nicht nur wegen ihrer schlichten Masse, sondern auch hinsichtlich ihrer Sensibilität stehen die von Unternehmen gesammelten Daten den von staatlichen Stellen erhobenen kaum nach. So verfügen private Krankenversicherungsgesellschaften über weitaus mehr hochsensible Gesundheitsdaten als öffentlich-rechtliche Krankenkassen, denn jede ärztliche Abrechnung wird von ihnen in digitalen Versichertenakten gespeichert (bei den gesetzlichen Kassen gibt es noch den »Vorfilter« der kassenärztlichen Vereinigungen – auch wenn dessen Wirkung abnimmt; vgl. 3.7). Zudem unterliegen die Privatversicherungen – anders als die gesetzlichen Krankenkassen – nicht den strikten Datenschutz- und Zweckbindungsregelungen des Sozialrechts. Darüber hinaus verschaffen sie sich, häufig unter Verwendung formularmäßiger Einwilligungs- und Schweigepflichtentbindungserklärungen, Zugang zu ärztlichen Unterlagen.

Banken kennen die wirtschaftliche Situation ihrer Kunden bis ins Detail. Sie wissen, wie sich unser Einkommen zusammensetzt, wie wir unser Geld ausgeben und wen wir durch Zuwendungen unterstützen. Besonders kritisch prüfen sie die persönlichen Verhältnisse des Kunden, wenn er einen Kredit beantragt. Die Kreditinstitute erheben nicht nur Einkommens- und Vermögensdaten bei den Betroffenen selbst, sondern erkundigen sich auch bei Auskunfteien über dort vorliegende personenbezogene Erkenntnisse aus anderen Vertragsverhältnissen und über abstraktere Kreditrisiken, die in »Score-Werten« zum Ausdruck kommen.

Der qualitative Unterschied zwischen öffentlicher und privatwirtschaftlicher Datenverarbeitung liegt weniger in der unterschiedlichen Sensibilität der jeweils erhobenen Daten als vielmehr darin, dass staatliche Stellen – anders als Unternehmen – über Zwangsmittel verfügen, mit denen sie ihre hoheitlichen Aufgaben ausüben und dabei auch personenbezogene Daten erheben, zum Teil unter Einsatz verdeckter Methoden.

Die vom Staat beim Bürger eingeforderten oder über ihn erhobenen Daten sind Ausdruck eines (gewollten) Machtgefälles. Ein ähnliches Machtgefälle besteht allerdings vielfach auch in der Beziehung zwischen Unternehmen und Kunden. Während die staatlichen Datenverarbeitungsbefugnisse detailliert gesetzlich geregelt sind, wird der zulässige Umfang der Datenverarbeitung nicht staatlicher Stellen überwiegend durch Interessenabwägungen im Einzelfall bestimmt – das Bundesdatenschutzgesetz beschränkt sich hier auf eher allgemeine Grundsätze. So ist es generell zulässig, dass ein Unternehmen diejenigen Daten seiner Kunden (und auch seiner Beschäftigten)

speichert, die es zum Vertragsabschluss und zur Vertrags-
erfüllung benötigt. Während sich der zulässige Umfang
der Datenverarbeitung hierbei aus der vertraglichen Beziehung ableiten lässt, ist dessen Bestimmung erheblich
schwieriger, wenn damit sonstige »berechtigte Interessen« des Unternehmens verfolgt werden: Inwieweit darf
sich ein Arbeitgeber zum Beispiel hinter dem Rücken
eines Bewerbers um einen Arbeitsplatz bei früheren Arbeitgebern über dessen persönliche Verhältnisse erkundigen? Ist es zulässig, Kundendaten, die anlässlich einer
Bestellung erhoben wurden, mit anderen Angaben zu verknüpfen und auf diese Weise ein möglichst umfassendes
Kundenprofil zu gewinnen? Muss das Unternehmen die
Einwilligung des Betroffenen einholen, ehe es bei einer
Auskunftei über dessen Bonität nachfragt?

Wegen des zunehmenden Umfangs der Datenerfassung
durch Unternehmen muss der Datenschutz auch in diesem Bereich gestärkt werden. Allerdings tut sich die Politik hier besonders schwer, denn allzu leicht könnten Befürworter von mehr Datenschutz als »wirtschaftsfeindlich«
diskreditiert werden. Dabei würde ein effektiverer Datenschutz der Wirtschaft eher nützen als schaden, denn letztlich ist es ja im Interesse der Unternehmen, das Vertrauen
ihrer Kunden zu gewinnen und zu bewahren. Das vielfach zu beobachtende Streben nach immer umfassenderer
Durchleuchtung von Kunden und Arbeitnehmern ist allerdings mit diesem Anliegen kaum zu vereinbaren.

Immer schwieriger wird die Abgrenzung zwischen staatlicher und privatwirtschaftlicher Datenverarbeitung. So
beansprucht der Staat zunehmend den Zugriff auf Daten,
die von Unternehmen für deren eigene Geschäftszwecke
erhoben und gespeichert wurden, die aber insbesondere

für Polizei, Strafverfolgungs- und Steuerbehörden ebenfalls von Interesse sind. Häufig diskutiertes Beispiel für diese Entwicklung ist die Nutzung von Telekommunikations- und Internetdaten. Mit der Verpflichtung zur Vorratsspeicherung dieser Daten (vgl. 3.3) wird die Wirtschaft ungewollt zum Hilfssheriff der Strafverfolgungsbehörden. Aber auch beim automatisierten Kontenabrufverfahren (vgl. 3.8) bedient sich der Staat privater Datenquellen.

Umgekehrt beauftragen Behörden private Unternehmen mit der Verarbeitung personenbezogener Daten, die bei der staatlichen Aufgabenerfüllung anfallen. So haben die Bundesagentur für Arbeit und kommunale Arbeitsagenturen private Callcenter damit beauftragt, bei Arbeitnehmern Details zu ihrer Verfügbarkeit für den Arbeitsmarkt abzufragen. In Ministerien gibt es Überlegungen darüber, ob man die Beantwortung umfangreicher und vielfach lästiger Bürgeranfragen und Beschwerden an private Dienstleister vergeben kann. Schließlich verarbeiten bereits seit vielen Jahren privatwirtschaftliche Rechenzentren personenbezogene Daten im Auftrag öffentlicher Stellen. Die dabei verwendeten neudeutschen Sprachschöpfungen reichen von »Outsourcing« bis zu »Public Private Partnership«, etwa bei der Erhebung von Autobahnmaut durch das private Unternehmen Toll Collect oder bei der Bereitstellung kommunaler Internetangebote durch private Agenturen. Bemerkenswert ist in diesem Zusammenhang, dass selbst Polizeibehörden zunehmend auf »Kooperationsmodelle« mit Unternehmen setzen und auf »freiwilliger Basis« gegebenenfalls auch Auskünfte über personenbezogene Kundendaten erlangen. Vielfach ist dabei nicht einmal klar, wie sich die Verantwortung auf die beteiligten öffentlichen und privaten Stellen verteilt.

Im Spannungsfeld zwischen Unternehmen und Kunden erscheint der Datenschutz vielfach als eine besondere Form des Verbraucherschutzes (wobei er allerdings nicht darauf reduziert werden darf). So ist es sowohl im Sinne des Datenschutzes als auch des Verbraucherschutzes, wenn die Kunden über den Umfang und die Konsequenzen der Verarbeitung ihrer Daten aufgeklärt werden. Die Verwendung von Daten für Werbezwecke berührt sowohl den Verbraucher- als auch den Datenschutz. Sowohl unter Datenschutz- als auch unter Verbraucherschutzgesichtspunkten darf es bei Risikoabschätzungen – etwa mittels Score-Werten – keine Diskriminierung anhand intransparenter Kriterien geben. Schließlich ist es sowohl für den Verbraucher- als auch für den Datenschutz bedeutsam, wie die Betroffenen über den Einsatz von RFID-Chips aufgeklärt werden und wie sie deren Einsatz kontrollieren können (vgl. 2.4).

Moderne Datenschutzkonzepte versuchen, ökonomische Anreize für den sicheren und sparsamen Umgang der Unternehmen mit personenbezogenen Daten zu schaffen. So kann es sich keine Versicherung leisten, dass Daten ihrer Kunden von Dritten über das Internet abgerufen werden. Wenn Bankkonten elektronisch über das Internet geplündert werden, leidet darunter nicht nur der betroffene Bankkunde, sondern auch das Renommee der jeweiligen Bank. Erfahrungen belegen zudem, dass der direkt oder indirekt durch Datenschutzverletzungen verursachte Schaden für die Unternehmen häufig bei Weitem die Aufwendungen übersteigt, die mit angemessenen Datenschutzmaßnahmen verbunden gewesen wären. So mussten US-Banken wiederholt hunderttausende Kreditkarten umtauschen, weil die Kartendaten durch Hacker ausgespäht oder durch untreue Angestellte gestohlen und verkauft worden waren. Nicht zu unterschätzen ist auch der Effekt, den bekannt gewordene Datenschutzverstöße auf Aktienkurse ausüben können.

Andererseits leben ganze Wirtschaftsbereiche von der Anhäufung unterschiedlichster personenbezogener Daten. Adress- und Telefonbuchverlage, Adresshandelsfirmen und Auskunfteien verfügen über detaillierte Kenntnisse über Millionen Bürger. Ihre Datenquellen sind dabei vielfältig. Häufig liefern die Betroffenen selbst ihre Daten, ohne dass ihnen dies bewusst ist. So werden manche Preisausschreiben ausschließlich deshalb durchgeführt, um an die Adressen der Teilnehmer zu kommen. Nebenbei werden so auch Informationen über Interessen und Leseverhalten der Teilnehmer »geerntet«, weil die Formulare in codierter Form ihren Ursprung aus einer bestimmten Publikation offenbaren und der Auftraggeber so erfährt, ob sie aus einer Frauenzeitschrift oder einem Sportmagazin stammen. Umfangreiche »Verbraucherbefragungen« erheben zum Teil sensible persönliche Daten über Lebensumstände, Familienverhältnisse, Einkommen, Gesundheitszustand und Interessen und bilden so eine aussagekräftige Basis für Persönlichkeitsprofile, die sich gewinnbringend vermarkten lassen.

Es kann gleichwohl gelingen, wirtschaftliche Interessen für den Datenschutz nutzbar zu machen. Einen solchen Anreiz können etwa »Datenschutzsiegel« geben, bei denen Produkte oder Dienstleistungen nach unabhängiger Begutachtung ein entsprechendes Zertifikat erhalten, das die Unternehmen für Werbezwecke einsetzen können.

Solche Datenschutzsiegel könnten – ähnlich wie die TÜV-Plakette oder Biosiegel – dem Verbraucher signalisieren, dass es sich um ein »Qualitätsprodukt« handelt, das den Datenschutzanforderungen Rechnung trägt. Damit würde sich auch das Risiko für den Verbraucher verringern, unseriösen Datensammlern auf den Leim zu gehen. Unternehmen, die sich einer Begutachtung unterziehen und sich ein Datenschutzzertifikat ausstellen lassen, würden zugleich ihre Marktchancen verbessern. Das Konzept eines solchen »Datenschutzaudits« ist an sich nicht neu. Es ist allerdings bislang nur in geringem Umfang in die Praxis umgesetzt worden, etwa in Schleswig-Holstein, wo entsprechende Zertifikate durch das Unabhängige Landeszentrum für den Datenschutz vergeben werden. Voraussetzung für die Zertifizierung ist hier, dass sich die entsprechenden Produkte, Programme oder Dienste für den Einsatz in öffentlichen Stellen des Landes eignen.

Auf Bundesebene wurde zwar ebenfalls nach hartnäckigem Ringen 2001 eine Audit-Regelung in § 9a Bundesdatenschutzgesetz aufgenommen. Sie lautet:

»Zur Verbesserung des Datenschutzes und der Datensicherheit können Anbieter von Datenverarbeitungssystemen und -programmen und datenverarbeitende Stellen ihr Datenschutzkonzept sowie ihre technischen Einrichtungen durch unabhängige und zugelassene Gutachter prüfen und bewerten lassen sowie das Ergebnis der Prüfung veröffentlichen.«

Diese Bestimmung kann jedoch erst in Kraft treten, wenn die »näheren Anforderungen an die Prüfung und Bewertung, das Verfahren sowie die Auswahl und Zulassung der Gutachter« durch ein besonderes Gesetz geregelt sind. Dieses »Auditgesetz« gibt es immer noch nicht, und das Bundesministerium des Innern hat über Jahre hinweg jegliche ernsthafte Gesetzgebungsaktivität in dieser Hinsicht unterlassen.

Seit einigen Jahren beschreiten die meisten US-amerikanischen Bundesstaaten einen anderen Weg, um datenschutzkonformes Verhalten wirtschaftlich durchzusetzen. Dort müssen Unternehmen den Betroffenen mitteilen, wenn ihre Daten – etwa durch Hacking-Attacken – kompromittiert wurden. Diese Informationsverpflichtung motiviert die Unternehmen zu erheblichen Anstrengungen, Datenschutzverletzungen vorzubeugen. Auch in Deutschland könnte ein entsprechender Ansatz die traditionellen europäischen Verfahren zur Gewährleistung des Datenschutzes – Verbot, Erlaubnis und Kontrolle – ergänzen.

Bei alledem darf aber nicht übersehen werden, dass es auch bei der Informationsverarbeitung Marktversagen gibt, also der Markt eben nicht in allen Bereichen die wünschenswerten Ergebnisse bringt. Deshalb kann auch eine marktorientierte Strategie nur aufgehen, wenn der Staat seinen Schutzpflichten nachkommt und entsprechende Vorgaben gegenüber der datenverarbeitenden Wirtschaft konsequent durchsetzt. Dies ist in den letzten Jahren leider nur sehr unvollkommen geschehen.

Wenn der Staat hier weiter in Untätigkeit verharrt, werden sich die negativen Seiten der Datenverarbeitung noch verstärken. Davon betroffen werden vor allem diejenigen Menschen sein, die ohnehin weniger Chancen haben, ihre Interessen durchzusetzen. Dies gilt hinsichtlich verschiedener Aspekte, von der regional, altersmäßig und sozial ungleichen Versorgung mit Zugangs- und Nutzungsmöglichkeiten bei elektronischen Diensten (»digitale Spaltung«) bis hin zur Diskreditierung und Ausgrenzung einzelner Personen oder ganzer sozialer Gruppen. So ist es vielleicht noch nicht erschreckend, dass man in bestimmten Stadtteilen eine Versandhausbestellung nur noch gegen Vorkasse erhält. Aber dabei wird es nicht bleiben: Handyverträge werden von einigen Anbietern bereits jetzt nicht mehr abgeschlossen, wenn man die »falsche« Adresse hat – also in einem schlecht beleumundeten Stadtviertel lebt –, und es ist zu befürchten, dass private Versorgungsunternehmen – etwa Strom- und Gasanbieter – nur noch gegen Vorkasse liefern werden, wenn der Kunde einen schlechten Scoring-Wert hat. Wie bei der visuellen Rundumüberwachung ist uns Großbritannien auch hier um einige Jahre voraus, denn dort sind »Prepaid«-Modelle für sozial Schwache bereits weitgehend Realität. Die deutsche Politik muss sich die Frage stellen, ob dieser Weg wirklich weiter beschritten werden soll.

4.1 Geheimste Wünsche aufgedeckt – Werbung und Marketing

»Bald wissen wir alles über die Kunden. Was Kunden kaufen, wann sie es kaufen und wo, was sie in ihrer Freizeit tun, wie sie leben – all das wird in wenigen Jahren offenliegen. Die Technologien dafür sind da, in den nächsten Jahren werden sie gebündelt und damit einen Strom von unbekannter Breite erzeugen: Rechnen Sie mit einer exponentiellen Vermehrung des Wissens über Ihre Kunden – und machen Sie sich das zunutze, bevor es Ihre Wettbewerber tun.«[49]

Personenbezogene Daten sind von zunehmender wirtschaftlicher Bedeutung. Immer mehr Geschäftsprozesse werden mittels personenbezogener Daten gesteuert, und unter dem Motto »Know Your Customer« streben Unternehmen nach umfassender Kenntnis der Lebensumstände, Vorlieben und der wirtschaftlichen Leistungsfähigkeit ihrer aktuellen und potenziellen Kunden. Moderne Marketingstrategien basieren darauf, den Massenmarkt wieder zu individualisieren, also aus der großen Zahl der Marktteilnehmer die jeweils interessantesten herauszufischen und sie individuell anzusprechen. Dieses individualisierte Marketing bietet zugleich die Basis für personalisierte Dienste, die sich entsprechend den persönlichen Wünschen des Kunden ausgestalten lassen.

So wirbt ein größeres Marketingunternehmen mit den Möglichkeiten, die sich aus dem sogenannten »Profiling« ergeben:

»Mit modernsten Analysetools und Scoring-Verfahren analysieren wir Ihren Kundenbestand und ermitteln so das Profil Ihrer Kunden. Ihre internen Kundendaten werden mit dem umfassenden Datenspektrum von uns angereichert. So erschließen Sie gezielt von Ihnen noch nicht genutztes Umsatzpotenzial. Mit der Ermittlung Ihres Kundenprofils minimieren Sie Streuverluste, erhöhen Responsequoten und setzen Ihr Werbebudget effektiv ein!«[50]

Die Preise für Adressen variieren je nach Qualität, Selektionskriterium und Gewinnträchtigkeit. Beispiele gefällig? Wie wäre es mit »Pfarren und Priestern in Österreich? 2830 Stk.; teilweise mit Zusatzdaten wie Telefon/E-Mail;

sämtliche Adressblöcke und personalisierte Anreden manuell kontrolliert; Preis: 0,60 €/Stk«. Oder »2595 Urologen im Sonderangebot«, »mit 100 % Telefonnummern, teilweise mit Homepage-URL und E-Mail-Adresse« zu nur 0,20 €/Stk. ohne Nutzungsbegrenzung«? Vielleicht sind Sie ja auch interessiert an 750 000 »Lifestyle-Adressen« mit »detaillierten Angaben zu den Lebensumständen, Kaufkraft und Interessen«. Alles kein Problem – der Adresshandel hilft weiter!

Ganz verschont von Werbebotschaften bleibt heute niemand mehr. Der mit Reklamesendungen verstopfte Briefkasten ist vielleicht ein ärgerlicher Aspekt, sicherlich jedoch nicht der problematischste. Auch wenn man sich gegen Briefkastenwerbung mit einem Aufkleber »Keine Werbung bitte!« zu wehren versucht, wird dieser Wunsch häufig nicht beachtet. Zum einen halten sich manche Prospektausträger nicht an diese Vorgabe, und zum anderen hilft der Aufkleber nicht gegen namentlich adressierte Sendungen, denn derartige Briefe muss die Post zustellen. Die Zusteller sind schließlich keine Vorzensurstelle, die Inhalte oder Absender von Briefen zu bewerten hat.

Widerspruchsrecht des Betroffenen

Um den Interessen der werbenden Wirtschaft Rechnung zu tragen, erlaubt das Bundesdatenschutzgesetz die Verwendung von bestimmten personenbezogenen Grunddaten zur Markt- und Meinungsforschung. So ist es zum Beispiel zulässig, dass ein Zeitschriftenverlag die Daten seiner Abonnenten für Werbezwecke an einen Adresshändler verkauft. Einer Einwilligung bedarf es dazu nicht. Um die entsprechende Übermittlung und Nutzung zu verhindern, muss der Betroffene aktiv werden und Widerspruch einlegen.

Alle Versuche von Daten- und Verbraucherschützern, dieses Widerspruchsrecht durch eine Einwilligungslösung zu ersetzen, sind bisher gescheitert. Deshalb bleibt den Betroffenen nichts anderes übrig, als der Verwendung ihrer Daten zu widersprechen – dies kann formlos geschehen, etwa per E-Mail, Brief oder Fax. Auch die Eintragung auf der »Robinsonliste« des deutschen Direktmarketingverbandes bringt eine gewisse Linderung. Wer sich auf diese Liste setzen lässt, wird zumindest nicht mehr von Werbeschreiben der angeschlossenen Unternehmen belästigt.

Widersprüche – ob individuell oder per Robinsonliste – verhindern jedoch nicht, dass unseriöse Unternehmen den Wunsch des Bürgers, von Werbesendungen verschont zu bleiben, missachten. Bisweilen gelingt es allerdings Datenschutzaufsichtsbehörden, diesen unrechtmäßigen Praktiken einen Riegel vorzuschieben, etwa indem sie Bußgeldverfahren gegen die Verantwortlichen einleiten. Sie bleiben jedoch vielfach erfolglos, wenn die Werbebotschaften aus dem Ausland kommen, was insbesondere bei Werbung per E-Mail und mittels Telefax der Fall ist. Eine gewisse Chance hat man hier lediglich dann, wenn die Urheber in einem EU-Mitgliedsstaat ihren Sitz haben. Für die Betroffenen stellt sich dann allerdings häufig die Frage, ob der Aufwand, mit dem sich unerwünschte Werbebotschaften (vielleicht) noch stoppen lassen, in einem angemessenen Verhältnis zum angestrebten Zweck steht.

Der werbenden Wirtschaft – unabhängig davon, ob sie legal oder illegal operiert – kommt zugute, dass aufgrund der fortschreitenden Digitalisierung immer mehr personenbezogene Daten anfallen. Dabei werden Daten aus den unterschiedlichsten Quellen zusammengeführt. Je besser die Kenntnis der Zielperson, desto genauer lassen sich die Werbebotschaften platzieren, und desto größer ist die Wahrscheinlichkeit des Erfolgs. Bei der Datenerhebung sind manche Unternehmen ziemlich kreativ. Häufig bedienen sie sich sogar spielerischer Formen, vom elektronischen Quiz bis zur »Schnitzeljagd« im Internet, bei der dann beiläufig persönliche Informationen erhoben werden.

Da jeder Seitenaufruf und Mausklick im Internet nachvollziehbar ist, gelangen auch Webshops zu immer ausgefeilteren Kundenprofilen. Anders als bei konventionellen Geschäften schaut das Unternehmen dem Kunden bei seinem Weg durch das elektronische Angebot über die Schulter und registriert jeden Schritt, jede Suchanfrage und jede Kaufentscheidung. Neben dem bestellten Gegenstand erfährt das Unternehmen zum Beispiel, mittels welcher Suchbegriffe in der Suchmaschine Google der Betroffene in das Angebot des eShops gelangt ist; es registriert angesehene Angebote genauso wie recherchierte Themen. Die Beobachtung kann sogar die Navigation durch eine Vielzahl unterschiedlicher Webangebote umfassen, wobei »Cookies« – kleine, auf dem Nutzercomputer abgelegte Profildateien, die bestimmte Informationen bezüglich des Navigationsverhaltens des Nutzers speichern und diese an den Server der besuchten Webseite übermitteln – eine besondere Rolle spielen.

Kommt es schließlich zu einer Bestellung in einem Webshop, ist die Personalisierung perfekt, denn nun weiß man auch Namen, Anschrift und Bankverbindung. Weit verbreitet sind auch Clubs, deren Mitglieder angeblich bevorzugt bedient werden und »exklusive« Dienste in Anspruch nehmen können. Im Rahmen der Clubmitgliedschaft wird nicht nur die persönliche Kundenbindung verstärkt, vor allem lernt der Betreiber damit die Interessen und die wirtschaftliche Leistungsfähigkeit der Mitglieder immer besser kennen.

Die technologische Entwicklung und der rasant wachsende Bestand von personenbezogenen Daten bilden die Grundlage für immer aussagekräftigere Profile. Dabei werden die im Internet gesammelten Daten mit Daten aus elektronischen Telefonverzeichnissen, mit statistischen Angaben und mit konventionellen, aus Bestellungen stammenden Kundendaten kombiniert. Ein Beispiel für einen sehr umfangreichen Datenbestand ist eine CD für nur 15 Euro mit deutschlandweiten Informationen zu Kaufkraft und Zahlungsmoral von Bewohnern einzelner Straßenabschnitte und sogar einzelner Wohnhäuser. Die Informationen stammen vor allem aus Inkassodaten und öffentlichen Schuldnerlisten. Da eine direkte personenbezogene Bewertung selbst aus Sicht des Anbieters illegal wäre, hat man bei der Bewertung jeweils mehrere Haushalte zusammengefasst. Kennt man nun die Adresse eines potenziellen Arbeitnehmers oder Kunden, kann man über dessen Wohnumfeld sehr aussagekräftige Informationen erhalten.

Spam und Telefonterror

Lästig ist die zunehmende Flut unerwünschter E-Mails, mit denen Viagra, Rolex-Uhren oder sonstige Produkte und Dienstleistungen angeboten werden. Fast jeder Internetnutzer hat auch schon scheinbar verlockende Angebote für Geldanlagen in Nigeria oder Sierra Leone erhalten oder Bittbriefe, in denen um Unterstützung für vermeintlich Bedürftige geworben wird. Derartiger elektronischer Werbemüll wird allgemein als »Spam« bezeichnet (der Begriff geht laut Wikipedia auf einen Markennamen für Dosenfleisch aus den Dreißigerjahren – *SPiced hAM* – zurück).

Die dabei verwendeten E-Mail-Adressen stammen aus den verschiedensten Quellen. So werden private Homepages, Gästebücher und andere im Internet verfügbare Quellen systematisch nach E-Mail-Adressen durchsucht. Weitere Quellen sind Kontaktformulare für Newsletter oder andere Internetdienste. Schließlich wird mittels Trojaner (Programme, die ohne Kenntnis der Betroffenen ausgeführt werden und den Computer des Nutzers ausspähen) versucht, private Adressbücher auszuwerten, die etwa in Outlook geführt werden. Computerviren und Trojaner gelangen auf verschiedenen Wegen auf den Nutzercomputer: Bisweilen genügt es bereits, eine bestimmte Website aufzurufen oder eine E-Mail-Anlage anzusehen. Die Spammer lassen sich dabei immer neue Tricks einfallen: Bisweilen werden E-Mails versandt, in denen der Kauf eines teuren Gegenstands oder eine hohe Telefonrechnung mitgeteilt wird. Falls man nicht einverstanden sei, solle man die anliegende Datei öffnen oder auf eine entsprechende Webseite gehen. Wer dieser Aufforderung folgt, dessen Rechner wird infiziert, und es bedarf bisweilen erheblicher Anstrengungen, den Schädling wieder loszuwerden.

Genauso zwielichtig wie die Datengewinnung gestaltet sich der Spam-Versand. So bedienen sich die Spammer häufig sogenannter »Zombie-Rechner«. So werden fremde Computer genannt, die von den Spammern unter Kontrolle gebracht wurden und ohne bewusstes Zutun ihrer Betreiber als Relaisstationen für den Spam-Versand missbraucht werden. Auch die Absenderadressen von Spam-Mails sind fast immer gefälscht. Bisweilen werden dafür sogar die echten E-Mail-Adressen von Nutzern der gekaperten Rechner verwendet.

Auch andere Praktiken der Werbewirtschaft beeinträchtigen die Privatsphäre. Ein besonderes Ärgernis stellt das ständig aggressiver werdende Telefonmarketing dar. Nach einer repräsentativen Statistik der Gesellschaft für Konsumforschung hat die Anzahl der unerwünschten Werbeanrufe in den ersten drei Quartalen 2006 gegenüber dem Vorjahr um 31,3 Prozent zugenommen. Pro Quartal wurden 82,6 Millionen Werbeanrufe durchgeführt, im Durchschnitt also 900 000 Anrufe pro Tag. Dies geschieht, obwohl seit 2004 derartige Werbeanrufe nur noch mit Einwilligung des Betroffenen zulässig sind, die in den wenigsten Fällen vorliegen dürfte.

Hier besteht dringender Handlungsbedarf, zumal die EG-Richtlinie über unlautere Geschäftspraktiken Kundenwerbung in Form hartnäckiger und unerwünschter Telefonanrufe verbietet und die Mitgliedsstaaten verpflichtet, derartige Geschäftspraktiken mit »wirksamen und abschreckenden Sanktionen« zu ahnden.

Bislang können unerbetene oder belästigende Werbeanrufe nur mit Mitteln des Wettbewerbsrechts geahndet werden, also im Wesentlichen über Klagen von Konkurrenten oder auch Verbraucherschutzverbänden. Den Betroffenen selbst ist dieser Weg allerdings versperrt. Außerdem sind entsprechende Verfahren zeitaufwändig und mit hohen Kosten verbunden, und sie scheitern häufig an der schwierigen Beweisführung. Die Datenschutzaufsichtsbehörden können gegen die Urheber unerwünschter Werbeanrufe keine Bußgelder verhängen, weil es im Bundesdatenschutzgesetz keine entsprechende Regelung gibt. Es ist überfällig, diese Regelungslücken endlich zu schließen.

Damit die Flut unzulässiger Werbeanrufe eingedämmt werden kann, muss man die Urheber der Werbeanrufe feststellen können. Diese verstecken sich jedoch durchweg hinter der aus Datenschutzgründen eingeführten Möglichkeit der Rufnummernunterdrückung. Deren Sinn war es eigentlich, Privatanrufer vor dem Missbrauch ihrer Rufnummer zu schützen. Es ist deshalb pervers, dass die Rufnummernunterdrückung massenweise dazu missbraucht wird, die Urheberschaft belästigender Anrufe zu verschleiern. Deshalb sollte die Rufnummernunterdrückung bei Callcentern verboten und technisch deaktiviert werden. Der Gesetzgeber und die Telekommunikationswirtschaft müssen hier handeln.

4.2 Risikofaktor Kunde

Die Zukunft ist ungewiss – diese Aussage gilt letztlich auch für die Risiken, die mit jeglichem wirtschaftlichem Handeln verbunden sind. Keine Bank kann wirklich sicher sein, dass der gewährte Kredit zurückgezahlt wird. Versandhändler bleiben auf unbezahlten Rechnungen sitzen. Diesen Risiken versuchen die Unternehmen auf zwei Wegen Rechnung zu tragen: Zum einen wird aus dem individuellen Verhalten in der Vergangenheit auf die Zukunft geschlossen. Von einem Kunden, der einen Kredit nicht vertragsgemäß bedient hat, wird erwartet, dass er sich bei zukünftigen Verträgen nicht anders verhält. Wenn solche individuellen Erfahrungen nicht vorliegen, wird aufgrund statistischer Zuordnungen des Kunden (Einkommen, Alter, Wohnort ...) auf seine persönliche Kreditwürdigkeit geschlossen. Vor allem Letzteres ist problematisch, denn es handelt sich um den Blick in eine Glaskugel, dessen Ergebnis der Betroffene nicht beeinflussen kann.

Moderne Risikobewertungssysteme sollen vermeintlich »schlechte« Kunden frühzeitig erkennen und vor ihnen warnen. Mit ihnen werden bestimmte Geschäfte gar nicht mehr abgeschlossen, sie erhalten Bestellungen nur gegen Vorkasse, sie bekommen keinen Kredit oder müssen höhere Zinsen zahlen. Wer einmal einen Kredit nicht vertragsgemäß bedienen konnte oder eine Rechnung nicht innerhalb einer gesetzten Frist beglichen hat, muss damit rechnen, dass seine persönlichen Daten an eine Auskunftei gemeldet werden, die sie dann an andere Unternehmen übermittelt.

Natürlich ist es legitim, dass sich Unternehmen vor unlauteren Kunden schützen und ihr Augenmerk auf die zahlungskräftige Klientel richten. Allerdings müssen sie dabei grundlegende rechtsstaatliche Prinzipien beachten. Die datenschutzrechtliche Bewertung der Auskunftssysteme hängt von verschiedenen Faktoren ab. So macht es einen erheblichen Unterschied, ob es sich um unternehmensspezifische »Schwarze Listen« handelt, um umfangreiche Warndateien eines Wirtschaftszweigs (etwa in der Versicherungswirtschaft) oder um branchenübergreifende Recherchedienste.

Die wohl bekannteste Auskunftei ist die Schufa (Schutzgemeinschaft für allgemeine Kreditsicherung), eine Gemeinschaftseinrichtung der Kreditwirtschaft. Während zunächst nur Banken Daten ihrer Kunden meldeten und Auskünfte erhielten, sind mittlerweile auch viele andere Wirtschaftszweige einbezogen: Versandhandel, Telekommunikations- und Wohnungswirtschaft, Versicherungen und sogar Zahnärzte zählen zum Kreis der Datenlieferanten und -abnehmer. Die Schufa verwendet dabei Daten, die sie von ihren Vertragspartnern erhält, und reichert sie mit Informationen aus anderen Quellen an. So werden etwa eidesstattliche Versicherungen und Mitteilungen über die Eröffnung eines Konkursverfahrens ebenfalls gespeichert. Mit der Unterzeichnung der Schufa-Klausel willigt der Betroffene ein, dass sogenannte Positivdaten der Schufa gemeldet werden. Positivdaten sind Angaben über die Beantragung und vereinbarungsgemäße Abwicklung eines Vertrags. Wird ein Kredit nicht vertragsgemäß bedient oder eine Forderung nicht beglichen, übermitteln die Unternehmen diese Negativdaten – unabhängig vom Vorliegen einer Einwilligung der Betroffenen.

Jeder kann auch ohne eigenes Fehlverhalten in ein elektronisches Warnsystem geraten, sei es aufgrund einer Verwechslung oder durch unzulässiges Meldeverhalten der Unternehmen. Zwar schreibt das Datenschutzrecht vor, dass strittige Forderungen gar nicht an ein Auskunftssystem gemeldet werden dürfen. Die Auskunfteien überprüfen die Einhaltung dieser Vorgabe jedoch nur stichprobenartig. So drohen Gläubiger unter Umgehung der Vorschriften bei strittigen Forderungen mit einer »Meldung an die Schufa«, um den Schuldner zu einer Anerkennung der Forderung zu bewegen. Auch wenn diese Praxis unzulässig ist, belegen viele Eingaben bei den Datenschutzbehörden, dass es sich dabei keineswegs um Einzelfälle handelt.

Scoring

Scoring-Systeme sollen die Kreditwürdigkeit weitgehend unabhängig vom tatsächlichen Verhalten des Betroffenen beurteilen, und zwar insbesondere dann, wenn über einen Kunden keine Negativinformationen aus der Vergangenheit vorliegen. Bestellt man eine Ware per Internet, läuft häufig bereits während des Bestellungs- und Datenerhebungsvorgangs ein Scoring-Verfahren ab, von dessen Ergebnis es der Händler abhängig macht, ob er die Lieferung gegen Rechnung oder nur per Nachnahme anbietet oder ob er den Vertragsabschluss verweigert.

Der Score-Wert (Score = Punktzahl) soll die Bonität der betreffenden Person kennzeichnen. Die Scoring-Verfahren errechnen mittels mathematisch-statistischer Verfahren die individuelle Wahrscheinlichkeit für den Eintritt eines Risikos, wobei unterschiedlichste Daten berücksichtigt werden. Anschließend werden die Scores in sogenannten »Rating-Stufen« mit unterschiedlichem Risiko zusammengefasst. Die Auskunfteien stellen die Bewertungsskalen ihren Vertragspartnern zur Verfügung.

So auskunftsfreudig Auskunfteien gegenüber ihren Vertragspartnern sind, so zugeknöpft verhalten sie sich im Hinblick auf die Offenlegung ihrer Methoden und insbesondere der Einzelheiten der Score-Berechnung. So bleibt häufig ungeklärt, welche Daten in den Score einfließen. Einzelheiten sickern jedoch immer wieder durch, und manches Detail gibt zu Besorgnis Anlass. Bekannt wurde etwa, dass Kontoeröffnungen und Umzüge zu verschlechterten Score-Werten führen. In einer von Flexibilität gekennzeichneten Gesellschaft mutet es abstrus an, dass Umzüge schlechtere Bonitätswerte und damit ungünstige

Kreditkonditionen zur Folge haben. Anscheinend wird den Umziehenden unterstellt, dass sie vor Gläubigern flüchten. Im Hinblick auf die Kreditwürdigkeit müsste ein Arbeitnehmer also einen Arbeitsplatz in einer anderen Stadt ablehnen, weil sich der Wohnungswechsel negativ auf seine Kreditwürdigkeit auswirkt. Eine perverse Folge dieser Art von Risikobewertung!

Bis vor wenigen Jahren verschlechterte sich bei Selbstauskünften der Schufa-Score des Betroffenen. Die Schufa rechtfertigte diese Praxis damit, es bestehe ein statischer Zusammenhang zwischen Zahlungsschwierigkeiten und Selbstauskünften. Es kostete die Datenschutzbehörden erhebliche Zeit und Mühe, die Schufa davon zu überzeugen, dass derjenige, der sein gesetzlich verbrieftes Auskunftsrecht in Anspruch nimmt, dadurch keine Nachteile erfahren darf, auch nicht über einen schlechteren Score-Wert.

Eine Anfang 2007 von der Zeitschrift *Finanztest* durchgeführte Untersuchung ergab, dass allein schon die Nachfrage bei einer Bank nach ihren Kreditkonditionen die Risikobewertung von Bankkunden verschlechtere. Es ist ziemlich absurd, einerseits vom aufgeklärten Verbraucher zu erwarten, dass er die finanziellen Konditionen konkurrierender Banken vergleicht, dies jedoch verschlechterte Kreditbedingungen nach sich zieht. Zwar differenziert die Schufa seit Kurzem zwischen der »Anfrage Kreditkonditionen« und der »Kreditanfrage«, wobei nur Letztere zu einem verschlechterten Score-Wert führen soll. Offenbar hat sich diese Neuerung nicht bei allen Banken herumgesprochen, denn viele der von der Stiftung Warentest geprüften Kreditinstitute hatten ohne Wissen und ohne Zustimmung des Betroffenen eine Kreditanfrage

angegeben, obwohl die Kunden sich nur nach den Kreditkonditionen erkundigen wollten. Statt bei den Banken
auf eine Änderung der Praxis zu drängen, fordert eine
nach der Veröffentlichung der Testergebnisse von der
Schufa herausgegebene Presseerklärung die Kunden dazu
auf, selbst dafür zu sorgen, dass ihr Anliegen von den
Banken nicht missverstanden wird: »Verbraucher, die
sich nur nach Kreditkonditionen erkundigen möchten,
sollten darauf hinweisen.« Auf diese Weise schiebt die
Schufa die Verantwortung für das fehlerhafte Verhalten
den Verbrauchern zu.

Vielfach wird beim Scoring von der Adresse auf die
Zahlungskraft geschlossen. Dieses neudeutsch als »Geo-
referenzierung« bezeichnete Verfahren hat eine lange
Tradition. In seiner Urform wurden in den USA seit den
Zwanzigerjahren Stadtteile mit Bonitätsnoten versehen.
Auf Landkarten wurden die Viertel mit weniger zah-
lungskräftiger Bevölkerung rot umrandet, während die
besseren Stadtteile gelb oder blau gekennzeichnet wurden. Die Bewohner rot markierter Stadtteile hatten praktisch keine Chance auf einen Kredit. Die Ergebnisse des
»Redlining« lassen sich bis heute besichtigen: Da die
Bewohner der entsprechend gekennzeichneten Stadtteile
als nicht kreditwürdig galten, zogen die Familien, die es
sich irgendwie leisten konnten, in besser klassifizierte
Gegenden um, sodass sich die soziale Zusammensetzung der verbliebenen Bewohnerschaft immer weiter
verschlechterte. Die finanzielle Risikobewertung führte
auf diese Weise zur Verslumung ganzer Stadtregionen,
wobei insbesondere ethnische Minderheiten auf der Stre-
cke blieben. Es ist zu befürchten, dass die modern anmutende georeferenzierte Risikobewertung und entspre-

chende Scoring-Verfahren ähnliche Effekte auslösen und nicht nur für den betroffenen Einzelnen, sondern für ganze Regionen gravierende negative Konsequenzen haben werden.

Auskunfteien weisen den Vorwurf weit von sich, die von ihnen weitergegebenen Score-Werte würden über die Kreditwürdigkeit des Kunden entscheiden. Die Bewertung obliege stattdessen stets dem Empfänger, also dem Kreditinstitut, dem Versandhandelsunternehmen oder der Wohnungsgesellschaft. Richtig daran ist, dass es letztlich Sache der Bank ist, ob sie dem Kunden überhaupt einen Kredit gewährt oder von ihm höhere Zinsen verlangt, um ein statistisch höheres Risiko abzudecken. Das Datenschutzrecht verbietet zwar »automatisierte Einzelentscheidungen«. Die Praxis vieler Kreditinstitute, den Score-Wert automatisiert in die formularmäßige Konditionenberechnung einzubeziehen, kommt jedoch einer solch verbotenen rein maschinellen Entscheidung ziemlich nahe, auch wenn ein Banksachbearbeiter dem Kunden das Ergebnis der automatisierten Berechnungen persönlich mitteilt: Wer einen schlechten Score hat, muss mehr zahlen.

Auch wenn es Daten- und Verbraucherschützern nach langwierigem zähem Ringen bisweilen gelingt, die Praxis einiger Auskunfteien etwas transparenter und verbraucherfreundlicher zu gestalten, ist damit noch keine Entwarnung gegeben. Das Diskriminierungs- und Ausgrenzungsproblem steht in engem Zusammenhang mit den beim Scoring verwendeten »objektiven« Verfahren, bei denen aus bestimmten persönlichen Angaben (etwa Alter oder Anschrift) auf Risiken geschlossen wird. Sie bergen schon deshalb die Gefahr sozialer Diskriminierung, weil der Betroffene nur geringe Chancen hat, durch eigenes Verhalten negative Bewertungen zu beeinflussen.

Manche datenschutzrechtliche Regelung stößt beim Scoring an ihre Grenzen. So ziehen Auskunfteien den Personenbezug der verwendeten Daten in Zweifel. Es wird behauptet, Score-Werte würden generell keinen Personenbezug aufweisen, weil sie lediglich Annahmen über statistische Wahrscheinlichkeiten enthielten. Wenn man bedenkt, dass persönliche Bewertungen des Betroffenen den Hauptzweck des Scoring darstellen, ist dieses Argument wenig überzeugend.

Auch die Auskunftsrechte der Betroffenen werden beim Scoring vielfach missachtet. So wird den Betroffenen die Information darüber vorenthalten, welche personenbezogenen Daten mit welcher Gewichtung in den Score-Wert einfließen, weil es sich dabei um Betriebs- und Geschäftsgeheimnisse handele. Häufig wird der Score zudem bloß anlassbezogen errechnet und weitergegeben, aber nicht dauerhaft gespeichert. Der Score ist in diesen Fällen ein dynamischer Wert, der sich ständig ändert, indem weitere oder aktuellere Daten in die Berechnung aufgenommen werden. Da die Werte nicht gespeichert werden, wird über sie auch keine Auskunft erteilt, obwohl sie die Entscheidung über die Vergabe von Krediten oder anderweitige Geschäftsabschlüsse beeinflusst haben. Die Auskunfteien berufen sich dabei darauf, dass das Bundesdatenschutzgesetz lediglich die Erteilung von Auskünften über gespeicherte Daten vorschreibt. Zwar berechnet die Schufa seit einiger Zeit auf Anfrage gegen Gebühr den tagesaktuellen Score des Betroffenen. Dieser Wert weicht jedoch vielfach von demjenigen ab, der in der Vergangenheit an die Schufa-Partner übermittelt wurde. Andere

Auskunfteien geben den Betroffenen nicht einmal diese Informationen. Ärgerlich ist schließlich, dass die Auskunfteien – anders als alle anderen öffentlichen und privaten Stellen – für die datenschutzrechtliche Selbstauskunft eine Gebühr kassieren dürfen, weil die Betroffenen diese Information wirtschaftlich verwerten könnten. Dies ist dringend änderungsbedürftig.

Bei allem Verständnis für das legitime Interesse der Wirtschaft, sich vor Betrügern, schwarzen Schafen und zahlungsunfähigen oder -unwilligen Kunden zu schützen, dürfen die Folgen der immer detaillierteren Erfassung und Bewertung nicht aus dem Auge verloren werden. Gefahren entstehen insbesondere, wenn Systeme zusammengeschaltet werden oder wenn beliebig aus allen Systemen Informationen abgerufen werden können. Es darf nicht dazu kommen, dass zum Beispiel jemand, der im Alter von zwanzig Jahren selbst nach einer Mahnung einmal eine Rechnung nicht bezahlen konnte, anschließend kein Konto mehr eröffnen kann, keine Wohnung findet, keinen Versicherungsvertrag bekommt und ihm selbst der Zahnersatz nur gegen Vorkasse gewährt wird, weil auch Zahnärzte über Auskunfteien die Bonität ihrer Patienten abfragen, bevor sie an ihnen kostenintensive Behandlungen vornehmen.

Deshalb sind hier klare rechtliche Rahmenbedingungen erforderlich, die eine solide Datengrundlage gewährleisten, insbesondere eine Beschränkung auf relevante individuelle Informationen zu Zahlungsverhalten, Einkommens- und Vermögensverhältnissen. Außerdem muss die Transparenz des Verfahrens sichergestellt werden, das heißt, der Betroffene muss gebührenfrei über die berücksichtigten Daten und Merkmale, deren Gewichtung bei der Berechnung des Score-Wertes und über den Score-Wert selbst informiert werden.

Viele Bürger geraten zudem ohne eigenes Fehlverhalten in elektronische Warnsysteme, sei es aufgrund einer Verwechslung oder durch sonstige Systemfehler. Selbst wenn das falsche Datum im Warnsystem berichtigt wurde, erfährt der Betroffene im Regelfall nicht, an wen die Fehlinformation bereits übermittelt wurde und welcher Schaden dadurch entstanden ist. Auskunfteien berufen sich in diesen Fällen häufig darauf, nicht gespeichert zu haben, an wen sie wann welche Daten übermittelt haben. Was für die Auskunftei nur ein nicht korrektes Datum unter Millionen anderer Daten ist, kann aber für den Betroffenen existenzgefährdend sein. Abhilfe könnte ein gesetzlicher Anspruch schaffen, der bei Weitergabe unrichtiger Informationen oder im Falle rechtswidriger Übermittlungen die dafür verantwortliche Stelle verpflichet, daraus resultierende negative Folgen zu beseitigen, und zwar nicht nur im eigenen System, sondern auch überall dort, wo sich durch Fortpflanzung des Fehlers für den Betroffenen nachteilige Auswirkungen ergeben haben können (im Schadensersatzrecht spricht man treffend von »weiterfressenden Schäden«). Die Auskunftei müsste alle Stellen, an die sie das unrichtige Datum übermittelt hat, über die Fehlinformation aufklären.

Um der öffentlichen Kritik entgegenzutreten, hat die Schufa eine PR-Offensive gestartet und Anfang 2007 eine »Grundlagenschrift« veröffentlicht, in der sie ihr Geschäftsmodell verteidigt. Interessant ist der darin enthaltene Vorschlag, über die bisherigen, immer umfangreicher genutzten Datenquellen hinaus zusätzliche bonitätsrelevante Daten beim Betroffenen selbst zu erheben und die daraus errechneten Bonitätsnoten den Unternehmen und Privatpersonen zur Verfügung zu stellen. Als Vision denkbar wäre ein »Allgemeiner Deutscher Bonitäts-Club« (ADBC). Wer nichts zu verbergen hat, wird Mitglied beim ADBC und gibt umfassend seine Daten preis, alle anderen stellen ein erhöhtes Kreditrisiko dar, müssen höhere Zinsen zahlen oder erhalten gar keinen Kredit. Zweifel sind erlaubt, dass die beschriebenen Probleme mit einem solchen Modell gelöst werden können.

4.3 Gläserne Arbeitnehmer?

Während eines Berufslebens sammelt sich über jeden Berufstätigen umfangreiches Datenmaterial vor allem bei Arbeitgebern an. Sie erhalten bei der Bewerbung Angaben über Schulbildung, berufliche Ausbildung, bisherige Tätigkeiten usw. Diese Angaben werden mit der Zeit immer weiter ergänzt, zum Beispiel durch Leistungsbewertungen und Beurteilungen, Gehaltsdaten, Fehlzeiten, Krankmeldungen und Urlaubsanträge. Zudem werden mittels Arbeitszeiterfassungssystemen Daten über die An- bzw. Abwesenheit erhoben und in Arbeitszeitkonten erfasst.

Digitale Telefonanlagen registrieren die Telefonate, und bei der Nutzung des Internets fallen Daten über E-Mails und das Surfverhalten an. Computer und Kassensysteme ermöglichen die direkte Erfassung von Leistungsparametern (zum Beispiel zu den von einer Schreibkraft eingegebenen Zeichen und zur Fehlerhäufigkeit). Der Umgang mit Waren, die durch RFID-Funkchips gekennzeichnet sind, kann automatisch erfasst und ausgewertet werden (vgl. 2.3) – auch zur Leistungs- und Verhaltenskontrolle. Immer mehr Arbeitsplätze werden durch Videokameras überwacht (vgl. 2.5). Außerdem können Controllingverfahren die Leistung und das Verhalten überwachen und bewerten. Speditionen und Taxiunternehmen verwenden Systeme zur satellitengestützten Überwachung der Fahrer.

Fast alle Unternehmen benutzen heute automatisierte Systeme für die Verwaltung ihrer Personaldaten. Manche Personalinformationssysteme weisen dabei Schnittstellen zu anderen IT-Systemen auf und ermöglichen es etwa, in Sekundenschnelle aus Tausenden von Mitarbeitern diejenigen herauszufiltern, die aufgrund ihrer Qualifikation, Leistung oder Erfahrung für einen bestimmten Arbeitsplatz in Frage kommen oder die am ehesten »betriebsbedingt« entlassen werden können. Durch derartige Systeme wird das Verhalten der Beschäftigten immer lückenloser registriert, bisweilen sogar, ohne dass die Betroffenen dies merken. Noch schwieriger zu realisieren ist schließlich der Datenschutz bei transnational agierenden Unternehmen, wenn etwa die Gehaltsabrechnung für die Mitarbeiter einer deutschen Niederlassung in Singapur erstellt wird, die Arbeitnehmerdaten auf einem Computer in Indien gespeichert werden oder der E-Mail-Server der Firma in San Francisco betrieben wird.

Die Einführung automatisierter Systeme unterliegt in weiten Bereichen der Mitbestimmung des Betriebs- oder Personalrats, insbesondere weil sie sich zur Verhaltens- und Leistungskontrolle eignen. Das Betriebsverfassungsgesetz verpflichtet Arbeitgeber und Betriebsrat, »die freie Entfaltung der Persönlichkeit der im Betrieb beschäftigten Arbeitnehmer zu schützen und zu fördern«. Hierzu gehört auch das Recht auf informationelle Selbstbestimmung. Mitbestimmungsrechte bestehen etwa, wenn eine Einrichtung eingeführt wird, mit der sich das Verhalten oder die Leistung der Mitarbeiter kontrollieren oder messen lässt. So müssen Betriebs- oder Personalräte zustimmen, wenn Arbeitnehmer das Internet nutzen sollen und wenn ein System zur Kommunikation mittels E-Mails oder ein Controllingsystem eingeführt wird.

In vielen Unternehmen achten die Arbeitnehmervertretungen mit Argusaugen auf die Gewährleistung des Arbeitnehmerdatenschutzes. Diese Kontrolle entfällt aber regelmäßig, wenn ein Betrieb wegen seiner geringen Größe oder aus anderen Gründen keinen Betriebsrat hat. Auch betriebliche Datenschutzbeauftragte leisten wertvolle Hilfestellung. In manchen Unternehmen fehlt allerdings auch diese unternehmensinterne Kontrollinstanz, sei es, weil die Voraussetzungen für die Bestellung eines Datenschutzbeauftragten nicht gegeben sind, sei es, weil ein solcher entgegen den gesetzlichen Vorgaben nicht ernannt wurde. In diesen Fällen sind die Arbeitnehmer häufig darauf angewiesen, den Beteuerungen der Unternehmensleitung zu glauben. Zwar kann sich jedermann an die zuständige Datenschutzaufsichtsbehörde wenden, falls er vermutet, dass gegen Datenschutzbestimmungen verstoßen wird. Im betrieblichen Alltag sind allerdings – wohl aus Angst um den Arbeitsplatz – nur wenige Mitarbeiter zu diesem Schritt bereit.

Datenschutzrechtlich besonders kritisch ist die Verarbeitung von Gesundheitsdaten durch den Arbeitgeber. Unabhängig davon, dass für diese Daten rechtlich strengere Maßstäbe gelten als für sonstige personenbezogene Daten, ist das Interesse von Arbeitgebern an ihnen häufig ziemlich ausgeprägt. So werden entgegen der gängigen Rechtsprechung durch Arbeitsgerichte weiterhin Bewerberinnen gefragt, ob sie schwanger seien.

Die Entwicklung in der Gesundheitsforschung beeinflusst auch den Arbeitnehmerdatenschutz. So erlangen neue Diagnosemöglichkeiten und molekulargenetische Untersuchungsmethoden Bedeutung für das Arbeitsverhältnis. Der Arbeitgeber könnte seine Bewerber auf bestimmte Gendefekte testen und so ihre Anfälligkeit für bestimmte Krankheiten herausfinden, auch wenn dies nach der Rechtsprechung unzulässig ist (vgl. 2.8). Immer noch fehlen zudem klare gesetzliche Vorgaben, die den am Arbeitsverhältnis Beteiligten sowohl die Einsatzmöglichkeiten als auch die Grenzen neuer medizinischer Methoden aufzeigen. Der Umgang mit Gesundheitsdaten erhält im Zusammenhang mit der Einführung der elektronischen Gesundheitskarte (vgl. 2.6) zusätzliche Brisanz. Dabei wird von entscheidender Bedeutung sein, ob es gelingt, dem Arbeitgeber nicht nur rechtlich, sondern auch tatsächlich den Zugriff auf die dort gespeicherten Daten zu verweigern.

Auch das Internet berührt den Arbeitnehmerdatenschutz. Jede E-Mail und jeder Aufruf einer Webseite am Arbeitsplatz hinterlässt Spuren in den betrieblichen IT-Systemen (vgl. 2.2). Während diese Daten bei der häuslichen Nutzung beim Anbieter des entsprechenden Dienstes anfallen, erhält beim dienstlichen Surfen der Arbeitgeber Kenntnis vom Surfverhalten – bisweilen mit erheblichen Konsequenzen für den Arbeitnehmer. Da Unternehmens- und Verwaltungsnetze üblicherweise stärker abgesichert sind als private Systeme, werden hier sogar mehr Daten erfasst und automatisiert ausgewertet. Die Auswertung umfasst bisweilen sogar die Inhalte der Kommunikation. Immer wieder wenden sich Betroffene – häufig zu Recht – an die Datenschutzaufsichtsbehörden, weil sie befürchten, der Chef lese die E-Mails mit.

Manchen Arbeitgebern scheint entgangen zu sein, dass selbst bei rein dienstlicher Nutzung des Internets eine lückenlose Überwachung von E-Mails unverhältnismäßig und damit unzulässig ist, weil damit die ständige Kontrolle des Arbeitnehmers verbunden wäre. Soweit Beschäftigten die private Nutzung erlaubt ist, sind zudem die Vorgaben des Telekommunikationsrechts zu beachten. So hat der Arbeitgeber das Fernmeldegeheimnis zu wahren, wenn er den Arbeitnehmern die private Nutzung des betrieblichen E-Mail-Systems oder des Diensttelefons gestattet hat. Die Überwachung wäre dann eine Straftat.

Lediglich in Fällen, in denen es konkrete Anhaltspunkte für einen Missbrauch gibt, und wenn entsprechende Regelungen, etwa in Betriebs- und Dienstvereinbarungen, getroffen wurden, kann eine Kontrolle von E-Mail- und Surfdaten durch den Arbeitgeber angemessen sein. Unabhängig hiervon ist der Arbeitnehmer verpflichtet, dem Arbeitgeber Zugang zur dienstlichen Kommunikation zu verschaffen, etwa indem er die E-Mails ausdruckt oder in elektronische Archivierungssysteme einspeist.

Bereits bei der Besetzung neuer Stellen bedienen sich Arbeitgeber und »Headhunter« des Internets. Umgekehrt begeben sich immer mehr Bewerber elektronisch auf Stellensuche und veröffentlichen dabei ihre Bewerbungsunterlagen im Internet. An und für sich ist gegen die Verwendung des Internets zur Personalgewinnung nichts einzuwenden. Dabei ist allerdings zu beachten, dass im Internet die Vertraulichkeit der Kommunikation ohne zusätzliche Sicherheitsmaßnahmen nicht gewährleistet ist.

Wegen fehlender gesetzlicher Regelungen zum Arbeitnehmerdatenschutz können sich Arbeitnehmer und Arbeitgeber bis heute nur an der einschlägigen Rechtsprechung orientieren. Diese ist jedoch notwendigerweise lückenhaft und im Einzelfall für die Betroffenen nur schwer zu erschließen. Auch der ansonsten durchaus sinnvolle Ansatz, dass die Datenverarbeitung außerhalb gesetzlicher Vorgaben nur zulässig ist, wenn der Betroffene eingewilligt hat, kann im Arbeitsverhältnis nur sehr eingeschränkt weiterhelfen, denn der Arbeitnehmer kann wegen seiner Abhängigkeit im Regelfall nicht wirklich frei von Zwang entscheiden.

Deshalb fordern Datenschützer und Gewerkschaften seit vielen Jahren gesetzliche Regelungen zum Arbeitnehmerdatenschutz. Obwohl auch der Bundestag entsprechende Forderungen wiederholt mit großen, fraktionsübergreifenden Mehrheiten unterstützt hat, haben die verschiedenen Bundesregierungen – von schwarz-gelb über rot-grün bis zu schwarz-rot – bislang keine erkennbaren Aktivitäten auf diesem Gebiet entwickelt. Da zudem die vor Jahren begonnenen Vorarbeiten für eine europäische Arbeitnehmerdatenschutzrichtlinie ebenfalls nicht vorankommen, sind die Chancen für einen verbesserten Arbeitnehmerdatenschutz eher schlecht.

4.4 »Raubkopierer sind Verbrecher!«

Diese knackige Aussage, häufig garniert mit der martialischen Ankündigung, Teilnehmer an Internettauschbörsen sollten sich schon mal auf die harten Gefängnispritschen einstellen, sollen Kinobesucher bereits im Vorprogramm erschrecken. Nimmt man diese Drohungen ernst, würde sich bald die Hälfte aller Jugendlichen hinter schwedischen Gardinen befinden. Die überzogenen Aussagen, halb im Bereich der Satire angesiedelt, sollten jedoch nicht darüber hinwegtäuschen, dass die Musik- und Filmindustrie mit harten Bandagen gegen tatsächliche oder vermeintliche Urheberrechtsverletzungen kämpft. Das Urheberrecht soll das geistige Eigentum schützen, egal, ob es sich dabei um Musikstücke, Filme oder Computerprogramme handelt. Noch vor wenigen Jahren war nicht absehbar, dass mit seiner Durchsetzung erhebliche Eingriffe in den Datenschutz verbunden sein könnten, vor allem im Hinblick auf die Überwachungsmöglichkeiten des Internets (vgl. 2.2).

Während bei den traditionellen Vertriebswegen die Daten fest an ein Trägermedium gebunden waren (Bücher, Zeitungen, Filme), sind digitalisierte Daten verlustfrei reproduzierbar. Die Möglichkeiten zur elektronischen Vervielfältigung haben erhebliche Auswirkungen auf den Umgang mit urheberrechtlich geschützten Werken. Die neuen elektronischen Verbreitungsmöglichkeiten nutzen den Unternehmen der Musik-, Film- und Softwareindustrie, weil die mit der Verbreitung verbundenen Kosten fast zu vernachlässigen sind. Mit den heutigen technischen Mitteln ist es allerdings jedermann prinzipiell möglich, dieselben Mechanismen zu nutzen, was aus naheliegenden Gründen von den Rechteinhabern nicht gerne gesehen wird. Selbst Kinder und Jugendliche können geschützte Werke vervielfältigen und über das Internet verbreiten, Musikstücke genauso wie Computerprogramme oder ganze Filme. Um in den Besitz von Musikstücken, Filmen oder Computerprogrammen zu gelangen, erfreuen sich sogenannte Tauschbörsen im Internet großer Beliebtheit. Sie sind der Musik- und Filmindustrie deshalb ein besonderer Dorn im Auge.

Die Reaktion der Softwarebranche sowie der Musik- und Filmindustrie beschränkt sich nicht allein auf die Entwicklung immer neuer Kopierschutzmechanismen, die häufig bereits nach kurzer Zeit geknackt werden. Vielmehr wird versucht, die Nutzer und die Nutzungsvorgänge möglichst lückenlos zu erfassen. Die Stichworte heißen hier »Trusted Computing« (TC) und »Digital Rights Management« (DRM). Aktuelle Beispiele von Kopierschutzmechanismen bei Musik-CDs und Video-DVDs zeigen, dass hier teilweise leider völlig intransparente »Lösungen« realisiert werden, mit Registrierung der einzelnen Nutzungsvorgänge. Die Personalisierung geht bisweilen so weit, dass jedes Anhören eines Musikstücks unter Verwendung eines mit dem Internet verbundenen Geräts an zentrale Server gemeldet wird. Bei jedem Nutzungsvorgang wird nämlich – wie auch bei anderen Internetdiensten – die IP-Adresse des jeweiligen Computers mitübertragen. Damit wird nicht nur der Nutzer identifizierbar, sondern auch sein Nutzungsverhalten nachvollziehbar. Die Betreiber der Server erfahren, wer wann wo welchen Film und welches Musikstück sieht oder hört. Es wird sogar registriert, welche CDs mit dem in einen Computer eingebauten CD-Laufwerk abgespielt werden. Die dabei verwendete Software steuert über das Internet einen Server an, auf dem Details über die auf der jeweiligen CD enthaltenen Musikstücke (Titel, Interpret, Musikrichtung usw.) zum Abruf bereitgestellt werden. Vielfach ist den Nutzern nicht bewusst, dass die Serverbetreiber und mittelbar auch die Musikindustrie auf diese Weise die Nutzungsvorgänge registrieren können.

Diese Überwachung ist besonders gravierend, weil sie weitgehend ohne Kenntnis der Nutzer und ohne deren Einwirkungsmöglichkeiten stattfindet. Auch bei Lizenzierungsmodellen von Software, bei denen der Nutzer nur ein zeitlich und mengenmäßig beschränktes Nutzungsrecht erhält, wird das Nutzungsverhalten registriert. Um die Mehrfachnutzung zu verhindern, verlangen die Hersteller bereits seit Jahren im Rahmen der Installationsprozeduren eine Registrierung über das Internet. Dabei werden die Registrierschlüssel und häufig auch Namen und weitere persönliche Angaben der Nutzer erhoben und auf zentralen Servern gespeichert. Bei Software-Updates oder Neuinstallationen wird zudem überprüft, ob es sich um bereits lizenzierte Programme oder um Schwarzkopien handelt. Soweit die Lizenzen zeitlich limitiert sind, besteht für die Anbieter ein starkes Motiv, nicht nur die Installation, sondern auch jede einzelne Nutzung zu registrieren und die Software bei Fristüberschreitung zu sperren. Sogar vom Nutzer erstellte Dokumente enthalten bisweilen in versteckter Form nicht nur Angaben über das Programm, sondern auch über Seriennummern und bisweilen auch den Benutzernamen.

Kritisch gesehen werden Trusted-Computing-Systeme deshalb, weil sie Informationen über die installierte Hard- und Software an Internetserver übermitteln und damit die

Konfiguration der IT-Systeme für Dritte kontrollierbar machen. Dies ist nicht nur datenschutzrechtlich problematisch, sondern gefährdet letztlich auch die IT-Sicherheit. Auch die Ausstattung und die Nutzung von IT-Systemen – gegebenenfalls bis hin zu den jeweiligen bearbeiteten Daten – werden damit für Dritte überwachbar. Im Hinblick auf die IT-Sicherheit könnten die mittels Trusted Platform Module (TPM) – ein Kontrollmodul, das die Daten auf dem Computer vor unbefugten Zugriffen und Manipulationen schützen soll – gewonnenen Informationen in die falschen Hände geraten und für den Angriff auf die jeweiligen IT-Systeme (Hacking) missbraucht werden.

Die zweite zentrale Komponente zur Durchsetzung des Urheberrechts bei digitalen Medien ist das Digital Rights Management (DRM). Dabei handelt es sich ebenfalls um ein Verfahren, mit dem die Verwendung digitaler Medien kontrolliert wird. Es wird heute bereits eingesetzt, zum Beispiel beim Download von Musik, wobei die Nutzungshäufigkeit des geschützten Werks gegebenenfalls technisch begrenzt wird. Datenschutzrechtlich bedeutsamer ist, dass jede Datei identifiziert und damit das Nutzungsverhalten prinzipiell nachvollzogen werden kann.

Von Datenschutzseite wird deshalb gefordert, TC- und DRM-Systeme so zu gestalten, dass sie nicht mit verstärkter Nutzerüberwachung einhergehen oder Hintertüren für heimliche Zugriffe offenhalten. Vorteilhaft wäre es, wenn die Sicherheit und die Integrität eines IT-Systems auch offline geprüft werden kann, also ohne Registrierung auf irgendwelchen Servern. Ansonsten würde das Nutzungsverhalten generell registrierbar, etwa das Hochfahren von Computern oder das Ausführen von Programmen. Zudem würden die mit derartigen Prozessen verbundenen Kommunikationsvorgänge auch bei den Internetzugangsprovidern erfasst.

Datenschützer treten dafür ein, die Systeme so auszugestalten, dass die Identität des Nutzers auf Servern nicht erfasst wird. Nur so ist eine anonyme Nutzung digitaler Medien weiterhin möglich. Der Grundsatz, Daten nicht zur personenbezogenen Registrierung von Mediennutzungsgewohnheiten und zur Erstellung persönlicher Nutzungsprofile zu verwenden, muss weiterhin gewährleistet bleiben.

Zugriff auf Internetdaten

Um Urheberrechtsverstöße im Internet verfolgen zu können, wenden sich Musik- und Filmunternehmen sowie Softwarehersteller zunehmend an die Internetzugangsanbieter und fordern diese auf, den Kunden, der im Internet auffällig geworden ist, namentlich zu benennen. Dazu bedient man sich der IP-Adresse, die den Nutzer im Regelfall eindeutig identifiziert (vgl. 2.2). Manche Internetanbieter erhalten täglich tausende derartige Anfragen. Auch wenn die Anbieter von Internetzugängen die IP-Adressen nur vorübergehend und nicht dauerhaft an ihre Nutzer vergeben (man spricht deshalb von »dynamischen IP-Adressen«), lassen sich diese zumeist für einige Tage anhand der gespeicherten Protokolldaten identifizieren.

Die Musik- und Filmindustrie hat durch intensive Lobbyarbeit erreicht, dass das Europäischen Parlament 2004 eine EG-Richtlinie zur Durchsetzung der Rechte des geistigen Eigentums (sogenannte »IP-Enforcement-Richtlinie«) beschloss, die einen generellen Auskunftsanspruch der »Rechteinhaber« (also der Musik- und Filmindustrie) beinhaltet. Aus Datenschutzsicht problematisch ist dieser Auskunftsanspruch insbesondere gegenüber Internetprovidern, denn er beschränkt sich nicht auf diejenigen, die direkt gegen das Urheberrecht verstoßen haben, weil sie geschütztes Material kopieren oder anbieten. Er umfasst letztlich alle, die an der Verbreitung urheberrechtsgeschützten Materials – wissentlich oder unwissentlich – mitwirken. Dazu gehören etwa Eltern, über deren DSL-Anschluss die Kinder im Internet surfen und dabei an Tauschbörsen teilnehmen, auf denen urheberrechtlich geschütztes Material verbreitet wird.

Dem Interesse der Musikindustrie kommt dabei entgegen, dass die EU – vornehmlich zur Abwehr des internationalen Terrorismus – im Jahr 2006 die Einführung einer mindestens halbjährigen Vorratsdatenspeicherung von Telekommunikationsdaten (vgl. 3.3) beschlossen hat, die offenbar auch für Ermittlungen gegen mutmaßliche Urheberrechtsverletzer verwendet werden könnte. Eine wirklich problematische public private partnership!

5 Ist die Privatsphäre noch zu retten?

Die in diesem Buch beschriebenen Beispiele und Entwicklungen verdeutlichen, dass der Schutz der Privatsphäre in den letzten Jahren immer weiter zurückgedrängt wurde und diese heute im Kern bedroht ist. Erfolg versprechende Gegenstrategien müssen gleichzeitig bei der Technologie, bei rechtlichen, politischen und wirtschaftlichen Steuerungsmöglichkeiten ansetzen. Konzepte zum Schutz der Privatsphäre werden nur dann den Weg in die Überwachungsgesellschaft verhindern und vielleicht sogar umkehren können, wenn sie technologische und rechtliche Instrumente zusammenführen und dabei auch globale Zusammenhänge nicht aus den Augen verlieren. Im Ergebnis geht es um nicht weniger als die Entwicklung einer globalen Ethik des Informationszeitalters, in deren Mittelpunkt die Bewahrung und Entwicklung der individuellen Selbstbestimmung steht: Verantwortung statt Kontrolle!

Bei den meisten Diskussionen über die Ethik des Informationszeitalters, wie sie etwa anlässlich der »Weltgipfel der Informationsgesellschaft« geführt werden, stehen Fragen des Zugangs zur Informationstechnik und zu Informationen im Mittelpunkt. Dabei geht es zum einen um die soziale Differenzierung der Teilhabe an den Segnungen der Informationsgesellschaft, zum anderen um die Spaltung zwischen Staaten mit hoch entwickelter Informationsinfrastruktur und Entwicklungsländern, in denen die meisten Menschen nicht einmal Zugang zu einem Telefon haben. Beides wird mit dem Schlagwort »digitale Spaltung« (Digital Divide) zusammengefasst. Als Konsequenz hieraus wird – insbesondere von unabhängigen Beobachtern und Kritikern einer ungebremsten, vor allem aus wirtschaftlichen Motiven vorangetriebenen Verbreitung von Informationstechnik – die Forderung nach einem möglichst allgemeinen, ungehinderten und kostenlosen Zugang zu informationstechnischen Systemen abgeleitet.

Es drängt sich die Frage auf: Warum wird der Wahrung der Privatsphäre und dem Datenschutz nicht annähernd die gleiche Aufmerksamkeit gewidmet? Diese Geringschätzung des Schutzes der Privatsphäre überrascht vor allem im Hinblick auf die Bedrohungen, die mit dem Übergang zu allgegenwärtiger Datenverarbeitung und der Umwandlung der technologisch hochgerüsteten Gesellschaften in Überwachungsgesellschaften verbunden sind. Zu diskutieren sind nicht nur die Überwachungstechniken im engeren Sinne (etwa die Videoüberwachung), sondern auch Technologien, bei denen Daten quasi nebenbei im alltäglichen Umgang mit Gebrauchsgegenständen anfallen. Angesichts der rasanten Entwicklung (vgl. 2.3) stellt sich nicht so sehr die Frage nach neuen rechtlichen Regelungsinstrumenten oder technischen Werkzeugen, mit denen sich bestimmte Risiken vermeiden oder verringern lassen. Vielmehr geht es um ethische Grundsatzentscheidungen darüber, wie unsere Gesellschaft mit den Techniken und den dabei entstehenden persönlichen Datenspuren umgehen will. Nur wenn es gelingt, über diese Frage einen weitgehenden Konsens herzustellen, gibt es Hoffnung, die Privatsphäre im Informationszeitalter zu bewahren oder wieder zu etablieren.

Immerhin postulierte Philippe Quéau, Direktor der UNESCO-Abteilung für Information und Informatik, 1998 eine »ethische Vision der Informationsgesellschaft« und wies dabei auch darauf hin, dass

»der Schutz des Privatlebens… am Ende dieses Jahrhunderts zu einer der wichtigsten Aufgaben bei den Menschenrechten geworden [ist]. Sie hat mit den Grundlagen der Menschenwürde und dem heiligen Wesen der menschlichen Person zu tun, die aus kommerziellen und politischen Zwecken durch gefährliche Formen des Eindringens bedroht werden. … Werden wir Bürger und Konsumenten, die wir der räuberischen Begierde der elektronischen Inquisiteure ausgesetzt sind, den ethischen Rahmen ausarbeiten können, der die Integrität der persönlichen Identität im Zeitalter der globalen Überwachung und des universellen Belauschens garantiert?«[51]

Zwar gibt es Versuche, eine globale Ethik des Datenschutzes zu entwickeln, etwa in der »Erklärung von Montreux« der 27. Internationalen Datenschutzkonferenz 2005 (vgl. 5.3); sie finden allerdings außerhalb der engeren Datenschutzszene nicht allzu viel Beachtung.

Im Folgenden sollen Ansätze zur Um- und Durchsetzung ethischer Standards für die Informationsgesellschaft dargestellt werden, wobei technologischen Anforderungen eine zentrale Bedeutung zukommt.

5.1 Datenschutz durch Technik

Es reicht nicht aus, sich rechtlich auf eine bloße Folgen-beseitigung autonomer technologischer Entwicklungen zu beschränken, wie dies allzu häufig in der Vergangenheit der Fall war. Die Forderung nach einer grundrechtskonformen Technikgestaltung ist aktueller denn je. Bereits der von der Bundesregierung eingesetzte »Rat für Forschung, Technologie und Innovation« hatte 1995 festgestellt, dass der traditionell normativ, also durch rechtliche Regelungen ausgestaltete Datenschutz durch eine »Datenschutztechnologie« ergänzt werden müsse. Im Mittelpunkt standen dabei Forderungen nach Datenvermeidung und Datensparsamkeit. Die Verfahren müssten so gestaltet werden, dass personenbezogene Daten möglichst gar nicht erst erfasst werden. Den Betroffenen sei ein Höchstmaß an Anonymität gegenüber Netzbetreibern und Dienstleistungsanbietern zu gewährleisten.

Der Bundestag hat diesem Anliegen Rechnung getragen, indem er 2001 ein entsprechendes Gebot in § 3a des Bundesdatenschutzgesetzes (BDSG) aufgenommen hat. Danach haben sich Gestaltung und Auswahl von Datenverarbeitungssystemen an dem Ziel auszurichten, »keine oder so wenig personenbezogene Daten wie möglich zu erheben, zu verarbeiten oder zu nutzen. Insbesondere ist von den Möglichkeiten der Anonymisierung und Pseudonymisierung Gebrauch zu machen, soweit dies möglich ist und der Aufwand in einem angemessenen Verhältnis zu dem angestrebten Schutzzweck steht.«

Diese Gestaltungsmaxime ist bislang in der Praxis leider weitgehend folgenlos geblieben. Bei kaum einer öffentlichen Ausschreibung wurde die Datensparsamkeit in das Pflichtenheft aufgenommen. Vielfach wird im Gegenteil darauf geachtet, im Sinne der Vielseitigkeit und Flexibilität der Systeme mehr Daten bereitzustellen, als schließlich benötigt werden. So hat man etwa darauf verzichtet, bei der Autobahnmaut ein System auszuwählen, bei dem die zurückgelegten Strecken nicht registriert werden. Vielmehr hat man stattdessen versucht, die vielfältigen Daten gesetzlich gegen eine Verwendung für andere Zwecke abzusichern, ein Damm, der bekanntlich zu brechen droht, seit sich die Bundesregierung auf die Fahnen geschrieben hat, die Nutzung der Mautdaten zu Zwecken der Kriminalitätsbekämpfung und Gefahrenabwehr zu ermöglichen (vgl. 2.5).

Wenn man sich klarmacht, dass die Informationstechnik das Potenzial einer Totalüberwachung aller möglichen Verhaltensweisen, Kontakte und Kommunikationsvorgänge hat, sind Maßnahmen zur Bekämpfung dieser Bedrohung überfällig. Politik, Wirtschaft und Wissenschaft sind deshalb aufgerufen, mit den technischen Möglichkeiten verantwortungsbewusst umzugehen und sich selbst zu begrenzen. Nicht alles, was irgendwie sinnvoll erscheint, darf auch realisiert werden. Stets müssen bei Entscheidungen über den Einsatz von IT-Systemen auch die Wirkungen auf das individuelle Selbstbestimmungsrecht bedacht werden.

Bisweilen drängt sich allerdings der gegenteilige Eindruck auf: Viel Phantasie und Geld werden dazu eingesetzt, immer mehr personenbezogene Daten zusammenzuführen und zu nutzen, selbst wenn es um Verwendungszwecke geht, die mit dem ursprünglichen Anliegen der Datenerhebung nicht das Geringste zu tun haben. Unternehmen werden durch die EG-Richtlinie zur

Vorratsspeicherung von Verkehrsdaten der Telekommunikation verpflichtet, die sie zur Wahrnehmung eigener Geschäftszwecke gar nicht benötigen (vgl. 3.3). Überwachungsmöglichkeiten, wie sie sich etwa über das Internet ergeben – zum Beispiel die »Online-Durchsuchung« (vgl. 3.4) – oder durch Fortschritte bei der Biometrie (vgl. 2.7) möglich erscheinen, werden rasch zur Anwendungsreife gebracht, und ihr Einsatz wird gesetzlich abgesichert. Forderungen zum Einsatz neuer Überwachungstechniken werden bisweilen sehr schnell erhoben, ohne dass man sich der Reichweite der Maßnahmen und ihrer Folgen wirklich bewusst ist. Vergleichbare Anstrengungen zum Schutz der Privatsphäre, zur Gewährleistung des Datenschutzes und zur Verwirklichung des Rechts auf informationelle Selbstbestimmung sucht man dagegen vergeblich.

Angesichts dieser bedenklichen Schieflage muss daran erinnert werden, dass die verfassungsrechtlich verankerten Grundsätze der Menschenwürde und der Verhältnismäßigkeit für eine demokratische Informationsgesellschaft von entscheidender Bedeutung sind. Diese Grundsätze sind nicht nur bei der Erhebung von Daten bedeutsam, sondern auch bei ihrer weiteren Nutzung. Insbesondere Daten, die bei der Verwendung von IT-Systemen automatisch generiert werden, können vielfältig miteinander verknüpft werden. Eine Mehrfachnutzung von Daten mag wirtschaftlich oder auch politisch sinnvoll erscheinen. IT-Systeme müssen gerade deshalb aber so gestaltet werden, dass die Zusammenführung für unterschiedliche Zwecke gespeicherter Datenbestände nur unter klar definierten und kontrollierten Bedingungen erfolgen kann. IT-Sicherheit und Datenschutz müssen dabei miteinander verschmelzen, denn ein Höchstmaß an Datenschutz kann nur durch angemessene Technik erreicht werden.

Die Entwickler und Anwender von Informationssystemen müssen dafür sorgen, dass deren Auswirkungen für den Einzelnen und für die Gesellschaft nachvollziehbar sind. Nur wenn die Betroffenen wissen, welche Konsequenzen neue technische Hilfsmittel haben, können sie souverän damit umgehen. Transparenz schafft zugleich Vertrauen in neue IT-Vorhaben und Technologien. Umfassende Aufklärung, Beratung und Information tragen dazu bei, dass datenschutzfreundliche Technologien sich auf dem Markt durchsetzen können.

IT-gestützte Verfahren müssen so ausgestaltet werden, dass sie den Nutzern umfassende Wahlrechte hinsichtlich des Umgangs mit ihren Daten bieten. Gegebenenfalls sollte die Möglichkeit erhalten bleiben, private und öffentliche Dienstleistungen auch ohne Nutzung elektronischer Systeme in Anspruch zu nehmen. Die Erhebung von Daten sollte so weit wie möglich an die auf Information beruhende Einwilligung der Betroffenen gebunden werden. Dabei sind die Grundsätze zu beachten, die das Bundesverfassungsgericht in seinem Beschluss vom 23. Oktober 2006 zur Erforderlichkeit eines wirkungsvollen informationellen Selbstschutzes aufgestellt hat. Echte Freiwilligkeit ist nur dann gegeben, wenn es wirkliche Alternativen gibt. So sollten zum Beispiel bei kommerziellen Diensten verschiedene Bezahlmöglichkeiten angeboten werden, etwa auch datenschutzfreundliche Prepaid-Lösungen. Im Handel verwendete RFID-Chips müssen vom Nutzer deaktivierbar sein, ohne die Funktionalität des Produkts zu beeinträchtigen (vgl. 2.3).

Datenschutz sollte bereits in das Systemdesign der IT

eingebunden werden. Nachträglich aufgepfropfter Datenschutz ist oftmals schlechter und teurer. Deshalb sollte es eine Selbstverständlichkeit sein, dass Konzepte von IT-Verfahren und Geräten möglichen Gefährdungen des Datenschutzes Rechnung tragen. Je sensibler der Anwendungsbereich und die Daten, desto höher sind auch die Anforderungen an Schutzvorkehrungen gegen einen Missbrauch. Die Gewährleistung dieser Anforderungen darf nicht allein dem Anwender überlassen bleiben, sondern dafür muss auch der Hersteller Verantwortung tragen. Nur wenn das Produkt bzw. IT-Verfahren einen datenschutzkonformen Betrieb ermöglicht (etwa durch Zugriffsschutz-, Protokollierungs- und Verschlüsselungsfunktionen), können es die Anwender datenschutzgerecht verwenden.

In einer zunehmend technisch geprägten Umwelt lässt sich die Komplexität von IT-Systemen und elektronischen Dienstleistungen für den Einzelnen immer schwerer beherrschen. Deshalb sollten den Nutzern einfach zu bedienende Instrumente an die Hand gegeben werden, mit denen sie ihre Daten wirksam schützen und den Umgang mit ihnen kontrollieren können. Derartige Werkzeuge – etwa zur Verwendung von Pseudonymen, zur Erzeugung von sicheren Passwörtern, zum Auslesen des Inhalts von persönlichen Datenspeichern und zur automatischen Bewertung des Datenschutzniveaus – müssen entwickelt und kostengünstig bereitgestellt werden. Hierbei können auch Programme zum Identitätsmanagement hilfreich sein, die den Betroffenen dabei unterstützen, selbst darüber zu entscheiden, wem gegenüber er welche persönlichen Daten offenbart. Solche Werkzeuge können einen wichtigen Beitrag zu einem wirksamen Datenselbstschutz leisten.

Vielfältig sind heute die Möglichkeiten, das persönliche Verhalten zu registrieren und zu bewerten: So werden Cookies oder Web Bugs verwendet, um das Nutzungsverhalten von Internetnutzern zu registrieren (vgl. 2.2). In Mobiltelefonen werden fortlaufend Lokalisierungsdaten erzeugt und zunehmend durch Location Based Services ausgewertet (vgl. 2.4). Im Handel erfolgt eine individuelle Registrierung des Kaufverhaltens mittels Verbindung von Produkt- und Käuferdaten. Verkehrsdaten der Telekommunikation geben Auskunft darüber, wer wann mit wem telefoniert hat. Die RFID-Technik erlaubt das heimliche Auslesen von Daten mittels Funk (vgl. 2.3). Beim Geomarketing werden Wohn- und Aufenthaltsorte mit allen möglichen Sekundärinformationen verknüpft, vom Durchschnittseinkommen über das Alter bis zur Kaufkraft.

Die Zusammenführung dieser Daten zu Profilen birgt erhebliche Gefahren für das informationelle Selbstbestimmungsrecht. Diesen Gefahren muss wirksam begegnet werden. Die Verantwortlichen haben dafür zu sorgen, dass personenbezogene Verhaltens-, Nutzungs- und Bewegungsprofile – wenn überhaupt – nur mit Wissen und Zustimmung der Betroffenen erstellt werden, sich auf konkret definierte Sachverhalte und Zwecke beschränken und unter der Kontrolle der Betroffenen bleiben. Umfassende Persönlichkeitsprofile, in denen alle möglichen privaten und öffentlichen Daten zusammengeführt werden, darf es auch und gerade unter den Bedingungen einer immer leistungsfähigeren Informationstechnik nicht geben. Dem muss auch die Informationstechnik selbst Rechnung tragen, etwa durch intelligente Verfahren des Identitätsmanagements (vgl. 3.9).

5.2 Modernisierung des Datenschutzrechts

Das unübersichtliche und vielfach eingeschränkte Datenschutzrecht liefert auf die aktuellen technologischen Herausforderungen keine zeitgemäßen Antworten mehr. Es hinkt seit Jahren der gesellschaftlichen und technologischen Entwicklung hinterher. Die erste Phase der Novellierung des Bundesdatenschutzgesetzes im Jahr 2001 erbrachte nicht viel mehr als Flickarbeit. Leider wurde die Chance weitgehend vertan, diesbezüglich Richtmarken für die Zukunft der Informationsgesellschaft zu setzen. Die Mängel und Unzulänglichkeiten betreffen dabei verschiedene Bereiche.

Schon der erste Zugriff auf das Datenschutzrecht macht es dem Leser und Anwender nicht leicht: Es ist in viele Einzelgesetze zersplittert, und es gibt eine Flut von Spezialnormen, die nur schwer miteinander in Einklang zu bringen sind. Das Bundesdatenschutzgesetz ist zudem schwer lesbar und handhabbar, was wiederum letztlich seine Akzeptanz erschwert.

In weiten Bereichen des Wirtschaftslebens wird die Einhaltung des Datenschutzes heute durch eine vom Verbraucher bei Vertragsabschluss unterzeichnete Einwilligung praktisch ausgehebelt. Eine solche Einwilligung suggeriert Freiwilligkeit und Eigenverantwortung, bedeutet aber nichts anderes als faktischen Zwang. Wer die Schufa-Klausel unter seinem Vertrag nicht unterzeichnen will, erhält eben den Kredit, die Versicherung, das Handy oder auch die Wohnung nicht, und wer unzulässige Fragen beim Vorstellungsgespräch nicht beantwortet, muss sich damit abfinden, dass ein anderer Bewerber vorgezogen wird (vgl. 4.3).

Besonders gravierend ist das täglich wachsende Vollzugsdefizit des Datenschutzes. Zwar werden immer mehr Aufgaben an die Aufsichtsbehörden übertragen, dies geht aber nicht mit einer entsprechenden Aufstockung von Mitteln und Personal einher. Durch die komplizierte Aufsichtsstruktur werden dabei auch die Betroffenen in die Irre geführt. Für diese bleibt es häufig unklar, wer für den Schutz ihrer Daten zuständig ist: der Bundesdatenschutzbeauftragte, die Landesdatenschutzbeauftragten oder die in der Hälfte der Bundesländer bei den Innenministerien angesiedelten Datenschutzaufsichtsbehörden?

Unzureichend sind auch die Sanktionsmechanismen für Datenschutzverstöße: Anzeigen sind meist fruchtlos, denn nur in seltenen Fällen werden Bußgelder verhängt. Die Tatbestände, die als Ordnungswidrigkeiten verfolgt werden können, sind nur lückenhaft und inkonsistent erfasst. So wird zwar die unzulässige Speicherung von Daten als Ordnungswidrigkeit mit Bußgeld geahndet, nicht jedoch – zumindest im Regelfall – die unzulässige Nutzung gespeicherter Daten, die mindestens in gleichem Maße in das Persönlichkeitsrecht eingreift.

Auch die gesetzlich vorgesehenen Bußgelder – der Rahmen endet bei 25 000 € bei Formalverstößen wie der unterlassenen Benachrichtigung und bei 250 000 € bei schweren materiellen Verstößen gegen das Datenschutzrecht, wie der unzulässigen Speicherung oder Übermittlung – lösen bei Großunternehmen nur ein mildes Lächeln aus. Wenn man bedenkt, dass für Kartellrechtsverstöße Bußgelder bis zu 10 Prozent des Jahresumsatzes fällig werden und vom Bundeskartellamt bereits Bußgelder in dreistelliger Millionenhöhe verhängt wurden, sind die geringen Bußgelder, die selbst bei schwersten Datenschutzverstößen anfallen, ein bedenkliches Signal mangelnder Wertschätzung des Rechts auf informationelle Selbstbestimmung. Sie laden finanzstarke Unternehmen geradezu dazu ein, Datenschutzverstöße als Kavaliersdelikte anzusehen. Zudem kommen Anordnungen und Untersagungen grundsätzlich nur bei technischen Mängeln in Betracht. Die Aufsichtsbehörden entpuppen sich gegenüber der Privatwirtschaft deshalb allzu oft als zahnlose Tiger.

Datenschützer müssen sich in einem juristischen Kleinkrieg immer wieder mit der Frage auseinandersetzen, ob überhaupt personenbezogene Daten vorliegen und ob sie eine Befugnis zur Prüfung und Kontrolle haben. Dies betrifft keinesfalls Randbereiche, sondern gerade die Brennpunkte der Informationsgesellschaft: So wird immer wieder vorgetragen, dass durch Funkchips eben keine Personen, sondern nur Gegenstände verfolgt werden. Das Scoring – so die Befürworter dieses Verfahrens – beurteile keine individuellen Personen, sondern weise nur statistische Wahrscheinlichkeiten aus, und mit der Georeferenzierung würden nur völlig harmlose geografische Daten erhoben. Allen diesen Daten ist aber gerade gemein, dass sie auf Menschen bezogen werden sollen, dass mit ihnen eine Aussage zu konkreten Personen verbunden werden soll. Doch statt sich Gedanken darüber machen zu können, wie hier eine verhältnismäßige Nutzung unter Wahrung der Verbraucherinteressen aussehen kann, werden Datenschützer allzu oft aus der Diskussion ganz herausgehalten oder herausgedrängt.

Auch wenn der Datenschutz eine ziemlich neue Rechtsmaterie ist, besteht dringender Modernisierungsbedarf des Datenschutzrechts. Die Reform ist vor allem deshalb notwendig, weil die Datenschutzgesetze im Wesentlichen den technischen Stand und die Sichtweise der Siebziger- und Achtzigerjahre widerspiegeln. Seitdem haben sich drastische Veränderungen der technischen Infrastrukturen und der damit abgewickelten Verfahren ergeben. Die universelle Vernetzung über das Internet, die fortschreitende Miniaturisierung der IT-Komponenten und neue Softwaretechniken (vgl. Kap. 2) haben dazu geführt, dass die Informationstechnik immer weniger dem in den Siebzigerjahren geprägten Bild einer zentralisierten Großtechnologie entspricht, das der Datenschutzgesetzgebung zugrunde liegt. Deshalb wird bereits seit Mitte der Neunzigerjahre die Notwendigkeit gesehen, die datenschutzrechtlichen Regeln einer grundlegenden Überprüfung zu unterziehen und den sich verändernden technischen Verhältnissen anzupassen.

Immerhin muss bei der fälligen Reform des Datenschutzrechts nicht völliges Neuland erschlossen werden, denn wichtige Vorarbeiten sind seit längerer Zeit verfügbar. Bereits die seit Mitte der Neunzigerjahre geführte Diskussion hat wesentliche Grundelemente eines modernen Datenschutzrechts aufgezeigt. Nach dem Regierungsantritt der rot-grünen Koalition im Jahre 1998 war auf parlamentarischer Ebene ein umfangreiches Projekt zur Modernisierung des Datenschutzrechts eingerichtet worden. Zwar schlossen die Professoren Roßnagel, Garstka und Pfitzmann ihr Gutachten zur Modernisierung des Datenschutzrechts[52] im Sommer 2001 ab. Den Autoren wurde im Herbst 2001 allerdings nicht einmal mehr die Möglichkeit eingeräumt, das Gutachten dem Bundesinnenminister persönlich zu übergeben, der spätestens mit den Ereignissen des 11. September 2001 in Sachen Datenschutz den Rückwärtsgang eingelegt hatte. Es ist zu vermuten, dass das Gutachten, in das vielfältige wissenschaftliche Erkenntnisse, fachliche Diskussionen und politische Erwägungen eingegangen waren, in einer Ministeriumsschublade landete und dort bis heute einer Wiederentdeckung harrt.

Ethik der Informationsgesellschaft

Ein modernes Datenschutzrecht muss auf einer Ethik der Informationsgesellschaft basieren und die Richtung zu einem verantwortungsvollen Umgang mit ihren technischen Möglichkeiten vorgeben. Dies bedeutet, dass das Datenschutzrecht nicht mehr nur statisch lediglich den gegenwärtigen Stand der Technik reflektieren darf. Es geht auch nicht darum, das Datenschutzrecht einmalig zu modernisieren und es dann wieder zu vergessen. Es muss vielmehr kontinuierlich an den neuesten gesellschaftlichen und technologischen Entwicklungen gemessen und entsprechend justiert werden.

Den technologischen Fortschritt, die Entfaltung der Informationsgesellschaft kann, will und soll der Datenschutz keinesfalls aufhalten. Im Gegenteil: Das Datenschutzrecht soll diese dynamische Entwicklung mitprägen und sich vor allem mit ihr weiterentwickeln. Es geht nicht darum, die Informationsgesellschaft aufzuhalten, aber sie darf nicht zu einer Überwachungsgesellschaft werden. Der Mensch ist Subjekt, nicht Objekt der Information. Hier aber beginnt der politische Gestaltungsauftrag, die Pflicht, Grenzen zu definieren, und eine Antwort auf die Frage zu geben, welchen Stellenwert der Mensch und sein Recht auf informationelle Selbstbestimmung in der Informationsgesellschaft haben sollen.

Für die Datensammler in Staat und Wirtschaft bedeutet dies eine Pflicht zur Selbstbegrenzung – verbunden mit einer klaren Verantwortung für die Verarbeitung der Daten. Allerdings ist auch der einzelne Bürger in der Pflicht, sich eigenverantwortlich um den Umgang mit seinen persönlichen Daten zu kümmern.

Dafür aber muss der Gesetzgeber die Position des Bürgers stärken und das derzeit bestehende Informationsungleichgewicht beheben. Nur der informierte Bürger kann seine Rechte auch eigenverantwortlich und selbstbestimmt wahrnehmen. Hier gilt es, die Informationspflichten entscheidend zu verbessern. Der Bürger muss verständlich informiert und über ihn betreffende Datenströme benachrichtigt werden. In den USA ist es etwa möglich und machbar, dass jedem Bürger einmal im Jahr kostenlos mitgeteilt wird, welche Daten Auskunfteien über ihn gespeichert haben. Der Auskunftsanspruch darf dabei auch nicht hinter einem vermeintlichen Geschäfts- oder Betriebsgeheimnis zurückstehen.

Angesichts der Vielfalt unterschiedlicher, teils inkonsistenter Datenschutzregelungen sollte das moderne Datenschutzrecht sich auf ein allgemeines Gesetz gründen, das nur in erforderlichem Umfang durch bereichsspezifische Regelungen ergänzt wird. Dieses Gesetz sollte grundsätzliche und präzise Vorschriften zur Verarbeitung personenbezogener Daten enthalten und offene Abwägungsklauseln vermeiden. Dabei könnten spezialgesetzliche Regelungen auf das unabdingbar Notwendige beschränkt werden, indem sie nur noch die Ausnahme von den allgemeinen Regelungen enthalten, für bestimmte riskante Datenverarbeitungen die Anforderungen verschärfen oder bei datenschutzrechtlich unterdurchschnittlich riskanten Datenverarbeitungen Erleichterungen bieten.

Ein modernes Datenschutzrecht lebt dabei – wie bereits das »Professorengutachten« 2001 ausgeführt hat[53] – weniger von Verbot und Kontrolle als von der Einbeziehung des Datenschutzes bereits in Planung, Entwicklung und Design technischer Systeme. Datenschutz muss zur Gestaltungsmaxime öffentlicher und nicht öffentlicher Stellen werden. So könnte dem Entstehen von Datenschutzproblemen bereits im Vorfeld vorgebeugt werden.

Schließlich müssen neue Mechanismen installiert werden, um die bestehenden Vollzugsdefizite zu beseitigen und auch künftig Datenschutz zu gewährleisten. Dazu gehören sowohl die Selbstregulierung als auch eine Stärkung der Befugnisse der Aufsichtsbehörden. Es muss einen durch effektive und leicht umsetzbare Sanktionen gestützten Schutz gerade für besonders sensible Daten geben. Der Datenschutz darf nicht nur auf dem Papier bestehen und seine Defizite – weitgehend folgenlos – in den Tätigkeitsberichten der Datenschutzbehörden beklagt werden.

5.3 Globaler Datenschutz

Spätestens das Internet hat die letzten Zweifel daran ausgeräumt, dass die elektronische Datenverarbeitung eine weltweite Dimension hat (vgl. Kap. 2.2). Datenströme machen vor nationalen Grenzen nicht Halt. Angesichts der dramatisch gesunkenen Übertragungskosten spielt es wirtschaftlich so gut wie keine Rolle mehr, wo die Datenverarbeitung stattfindet, ob ein Computersystem in

Deutschland, der Schweiz oder im indischen Bangalore betrieben wird. Auch für die Nutzer und Betroffenen ist es praktisch nicht mehr nachvollziehbar, wo ihre Daten verarbeitet werden. Wer eine deutsche Kunden-Hotline anruft, landet bisweilen in Irland oder auch in Indien.

Bereits frühzeitig wurden deshalb Initiativen gestartet, um auf internationaler Ebene den Schutz personenbezogener Daten sicherzustellen. Die Datenschutzkonvention des Europarats von 1981[54] war die erste internationale Regelung zum Schutz personenbezogener Daten überhaupt. Wesentliche in ihr niedergelegte Datenschutzprinzipien haben bis heute Gültigkeit und wurden in spätere nationale und internationale Datenschutzregelungen übernommen, etwa der Erforderlichkeitsgrundsatz (es dürfen nur diejenigen Daten erhoben werden, die für eine Aufgabe benötigt werden), die Zweckbindung (die Daten dürfen nur genutzt oder weiterübermittelt werden, soweit dies mit den ursprünglichen Zwecken vereinbar ist, für die sie erhoben wurden) oder der besondere Schutz für sensible persönliche Informationen (etwa über den Gesundheitszustand, politische oder sexuelle Präferenzen).

Einen weiteren Schub erhielt die Entwicklung des Datenschutzes auf internationaler Ebene durch die EG-Datenschutzrichtlinie von 1995[55]. Diese verpflichtet die EU-Mitgliedsstaaten – sowohl bei der internen als auch bei der grenzüberschreitenden Datenverarbeitung – zur Gewährleistung eines hohen Datenschutzniveaus. Bemerkenswert sind vor allem – auch im Vergleich zur Europaratskonvention – die besondere Betonung einer unabhängigen Datenschutzkontrolle und die Gewährleistung der Rechte der Betroffenen, insbesondere des Rechts auf Auskunft über die gespeicherten personenbezogenen Daten. Allerdings beschränkt sich der Geltungsbereich der Datenschutzrichtlinie auf die »Erste Säule« der EU, also im Wesentlichen auf den Binnenmarkt, und umfasst weder die »Zweite« (Außen- und Sicherheitspolitik) noch die »Dritte Säule« (Polizei und Justiz).

Unbeschadet der sinkenden technischen Schwellen und der praktisch zu vernachlässigenden Übertragungskosten hat es erhebliche rechtliche Konsequenzen, wo die Datenverarbeitung stattfindet. Zwar gibt es innerhalb der Mitgliedsstaaten der Europäischen Union ein vergleichbar hohes Datenschutzniveau, sodass es letztlich für den Betroffenen nicht entscheidend ist, ob die verantwortliche Stelle ihren Sitz in Berlin, Warschau oder Lissabon hat. Außerhalb der EU gibt es allerdings nur wenige Länder, in denen – gemessen am europäischen Datenschutzrecht – ein angemessener Datenschutz gewährleistet ist. Bisher hat die Europäische Kommission lediglich für Kanada, die Schweiz und Argentinien entsprechende Feststellungen getroffen. Für den Rest der Welt muss fallweise beurteilt werden, ob die personenbezogenen Daten angemessen geschützt sind.

Dies gilt auch für die Vereinigten Staaten von Amerika, mit denen die EU allerdings eine besondere Abmachung über einen »sicheren Hafen« (Safe Harbor Agreement)[56] getroffen hat. Bei Unternehmen, die sich zur Einhaltung der im Abkommen festgelegten Prinzipien bekennen und ihre Praxis entsprechend überprüfen lassen, wird ein angemessenes Datenschutzniveau angenommen. Die Einhaltung der Verpflichtungen wird durch unabhängige Wirtschaftsprüfungsgesellschaften kontrolliert, und Verstöße können durch die Federal Trade Commission des US-Handelsministeriums mit erheblichen Bußgeldern geahndet werden. Ein wesentliches Manko des Safe-Harbor-Systems besteht allerdings darin, dass wichtige Branchen nicht in den Anwendungsbereich des Abkommens fallen, wie etwa die Banken und die Telekommunikationsunternehmen.

Aktuell gewinnt die Frage an Bedeutung, wie beim »Outsourcing« der Datenverarbeitung, also bei der Vergabe der Erfassung, Speicherung und Auswertung personenbezogener Daten an externe Firmen, der Datenschutz gewährleistet werden kann. Soweit die Datenverarbeitung nur innerhalb der Europäischen Union vergeben werden soll, ist dies datenschutzrechtlich unproblematisch. Anders sieht es allerdings beim Outsourcing in sogenannte Drittstaaten aus. So bemühen sich derzeit viele weniger entwickelte Staaten um Datenverarbeitungsaufträge europäischer Unternehmen. Theoretisch besteht hier zwar die Möglichkeit, die Outsourcing-Partner vertraglich auf die Gewährleistung des Datenschutzes zu verpflichten; allerdings bleibt fraglich, wie die Einhaltung dieser Verpflichtungen effektiv kontrolliert werden soll.

So ist im Jahr 2005 ein Fall bekannt geworden, in dem ein deutsches Unternehmen, das von Krankenkassen mit der Verarbeitung von Daten über chronisch Kranke beauftragt worden war, die Erfassung dieser Daten nach Vietnam verlagert und dabei weder vertragliche Vorkehrungen getroffen noch technische Sicherungen zum Schutz dieser sensiblen Informationen gewährleistet hatte. Als schließlich öffentlich bekannt wurde, dass sensible personenbezogene Informationen unverschlüsselt über das Internet übertragen wurden, war die Aufregung groß.

Bedrohungen des Datenschutzes bei der internationalen Übermittlung personenbezogener Daten resultieren nicht allein aus dem Verhalten ungetreuer Firmenmitarbeiter oder den Aktivitäten von Hackern. Bei der dargestellten Datenübermittlung nach Vietnam waren lediglich Geschäftsinteressen des beauftragten Unternehmens ausschlaggebend, denn die Datenerfassung ist dort wegen der niedrigeren Lohnkosten weitaus billiger als in Europa.

Außerdem ist festzustellen, dass staatliche Stellen in diesen Ländern immer häufiger den Zugriff auf die von Unternehmen gespeicherten Daten fordern und auch durchsetzen. So verlangten und erhielten chinesische Behörden von westlichen Unternehmen personenbezogene Daten über demokratische Dissidenten und verwendeten sie zu deren Verfolgung (vgl. 2.2).

Nicht nur Unternehmen arbeiten international zusammen, sondern auch Staaten. Diese Zusammenarbeit betrifft verschiedene Bereiche. Besonders bedeutsam sind dabei die seit dem 11. September 2001 unternommenen Bemühungen zur Intensivierung der internationalen Zusammenarbeit zwischen Polizeibehörden und Nachrichtendiensten. Auch hier gibt es – wie immer wieder zu konstatieren ist – erhebliche Defizite.

Während sich beim wirtschaftlichen Handeln die Erforderlichkeit der Übermittlung zumeist aus den vertraglichen Vereinbarungen ableiten lässt, stellt sich die Situation bei der polizeilichen Zusammenarbeit völlig anders dar. Zum einen unterscheiden sich die Rechtsordnungen ganz erheblich voneinander. Eine Verhaltensweise, die in einem Land erlaubt ist, wird von den Rechtsordnungen anderer Staaten als illegal betrachtet (zum Beispiel Abtreibung, Propagandadelikte, Pornografie). Besonders problematisch ist eine Bewertung, wenn die Daten zur Verfolgung politischer Delikte übermittelt werden. Selbst die Einordnung eines bestimmten Handelns als Terrorismus hängt in starkem Maße von der politischen Orientierung des jeweiligen Staats und der als terroristisch eingeschätzten Bewegung ab. Eine Organisation, die in einem Land als Freiheitsbewegung angesehen wird, gilt in anderen Staaten als Terrorgruppe. Nicht vertretbar ist die Datenübermittlung auch anlässlich von Verfahren, in denen möglicherweise die Todesstrafe verhängt wird.

Für die Zukunft des Datenschutzes werden weltweit anerkannte Datenschutzstandards von entscheidender Bedeutung sein. So betonte die 27. Internationale Konferenz der Datenschutzbeauftragten 2005 in ihrer Erklärung von Montreux, »dass das Recht auf Datenschutz und den Schutz der Privatsphäre in einer demokratischen Gesellschaft unabdingbare Voraussetzung für die Gewährleistung der Rechte der Personen, des freien Informationsverkehrs und einer offenen Marktwirtschaft« sei und dass es sich dabei um ein »grundlegendes Menschenrecht« handele, das auf »globaler Ebene« durchgesetzt werden müsse.[57]

In den meisten Ländern der Erde gibt es immer noch keine gesetzlichen Regelungen zum Schutz personenbezogener Daten, darunter so bedeutende Staaten wie China und Indien. In einer Welt der globalisierten Datenverarbeitung in Netzen ist jedoch der globale Datenschutz dringender denn je. Vielleicht ist dies ja eine neue Aufgabe für die Vereinten Nationen, denn nicht nur die Umwelt braucht nachhaltigen Schutz, sondern auch die Privatsphäre. Es ist zu hoffen, dass nicht erst eine »Privatsphärenkatastrophe« stattfinden muss, damit sich diese Erkenntnis durchsetzt.

Dank

Allen, die zu diesem Buch beigetragen haben, möchte ich danken. Nennen möchte ich insbesondere meinen Kollegen Helmut Heil und meine Schwester Katrin Schaar, die mir wertvolle Anregungen zum Manuskript gegeben haben. Mein besonderer Dank gilt meiner Ehefrau Carmen Gensler-Schaar, die mir nicht nur mit inhaltlichem Rat zur Seite stand, sondern darüber hinaus viel Geduld dafür aufbrachte, dass ich manche freie Stunde diesem Werk widmete.

Anmerkungen

1 Information Commissioner: A Report on the Surveillance Society. September 2006.

2 Marie-Theres Tinnefeld: *Neue Juristische Wochenschrift* (2007), S. 626.

3 Bernhard Ruetz: Kleine Geschichte der Privatheit. In: Konrad Hummler und Gerhard Schwarz (Hg.): Das Recht auf sich selbst. Zürich 2003, S. 27.

4 Richard Sennett: Verfall und Ende des öffentlichen Lebens. Frankfurt/M. 1998.

5 Samuel Warren und Louis D. Brandeis: The Right to Privacy. Boston 1890.

6 Übereinkommen zum Schutz des Menschen bei der automatischen Verarbeitung personenbezogener Daten (Konvention Nr. 108) vom 28. Januar 1981.

7 Richtlinie 95/46/EG des Europäischen Parlaments und des Rates vom 24. Oktober 1995 zum Schutz natürlicher Personen bei der Verarbeitung personenbezogener Daten und zum freien Datenverkehr.

8 Hans Peter Bull: Datenschutz oder: Die Angst vor dem Computer. München 1984, S. 11.

9 *Die Zeit*, 41/2001.

10 Zweiter Periodischer Sicherheitsbericht der Bundesregierung 2006, www.bmj.bund.de

11 Privacy International: National Privacy Ranking – European Union and Leading Surveillance Societies; www.privacyinternational.org

12 The Burden of Crime in the EU, http://www.europeansafetyobservatory.eu/.

13 *Neue Zürcher Zeitung* vom 22. 2. 2007.

14 Vgl. Anmerkung 11.

15 Valentin Groebner: Der Schein der Person. Steckbrief, Ausweis und Kontrolle im Mittelalter. München 2004.

16 http://www–5.ibm.com/de/ibm/unternehmen/chronik/1930.html

17 Peter Schaar: Datenschutz im Internet. Die Grundlagen. München 2002.

18 Unabhängiges Landeszentrum für Datenschutz Schleswig-Holstein, Institut für Wirtschaftsinformatik der Humboldt-Universität zu Berlin, TAUCIS – Technikfolgenabschätzung: Ubiquitäres Computing und Informationelle Selbstbestimmung. 2006.

19 Vgl. Anmerkung 12.

20 Leon Hempel und Jörg Metelmann (Hg.): Bild-Raum-Kontrolle. Frankfurt/M. 2005.

21 Bundesbeauftragter für den Datenschutz und die Informationsfreiheit: Tagungsband zum Symposium »Biometrie und Datenschutz – Der vermessene Mensch«. 2006.

22 Peter Strasser: Biometrie – ein Schritt in die Überwachungsdemokratie? In: Anmerkung 21, S. 14.

23 Nationaler Ethikrat, Prädiktive Gesundheitsinformationen bei Einstellungsuntersuchungen. 2005, S. 53.

24 *Ärzte Zeitung* vom 21. 9. 2005.

25 Bundesverfassungsgericht, Urteil vom 13. Februar 2007 – 1 BvR 421/05.

26 Band 65 der Entscheidungssammlung des Bundesverfassungsgerichts (BVerfGE 65, 1, S. 1).

27 Zitiert nach Per Ström. In: Das Parlament, Nr. 34/352005.

28 Burkhard Hirsch: Über Wanzen. Bemerkungen zum »Großen Lauschangriff«. In: Humanistische Union: Innere Sicherheit in Gefahr. 2003, S. 202.

29 Bundesverfassungsgericht, Urteil vom 3. März 2004 – 1 BvR 2378/98 und 1 BvR 1084/99.

30 Jürgen Kühling, ehemaliger Richter am Bundesverfassungsgericht, im Grundrechtereport 2003.

31 Entschließung des Europäischen Parlaments zu der Existenz eines globalen Abhörsystems für private und wirtschaftliche Kommunikation (Abhörsystem Echelon), Bundesratsdrucksache 801/01.

32 Bundesverfassungsgericht, Urteil vom 27. Juli 2005 – 1 BvR 668/04.

33 Richtlinie 2006/24/EG vom 15. März 2006.

34 Etwa Bundesinnenminister Wolfgang Schäuble bei der Vorstellung des Verfassungsschutzberichts am 15. Mai 2007.

35 Justizministerin Brigitte Zypries, Rede vor dem 10. Europäischen Polizeikongress, 13. 2. 2007.

36 *taz* vom 22. 9. 2001.

37 *taz* hamburg vom 18. 9. 2001.

38 Berliner Beauftragter für Datenschutz und Informationsfreiheit: Sonderbericht vom 10. 12. 2002 über die Durchführung besonderer Formen des Datenabgleichs (Rasterfahndung) durch den Polizeipräsidenten in Berlin nach dem 11. September 2001.

39 Bundesverfassungsgericht, Beschluss vom 4. April 2006 – 1 BvR 518/02.

40 20. Tätigkeitsbericht des Bundesbeauftragten für den Datenschutz, S. 25.

41 Interview mit der *taz*, 8. 2. 2007.

42 Vgl. Anmerkung 26.

43 Artikel-29-Gruppe: Stellungnahme 10/2006 zur Verarbeitung von personenbezogenen Daten durch die Society for Worldwide Interbank Financial Telecommunication (SWIFT) (WP 128).

44 So der Schweizer Datenschutzexperte Herbert Burkert vor einigen Jahren.

45 Vorrang für die Anständigen – Gegen Missbrauch, »Abzocke« und Selbstbedienung im Sozialstaat. Bundesministerium für Wirtschaft und Arbeit. 2005.

46 Der Niedersächsische Datenschutzbeauftragte (Hg.): Handreichung datenschutzgerechtes eGovernment. 2003.

47 Mikrozensus-Beschluss vom 16. Juli 1969 – BVerfGE 27, 1, S. 6.

48 Bull, a. a. O., S. 207.

49 Trendletter. Informationsdienst für Unternehmer, Manager und Marketingleiter. August 2005.

50 Werbeschrift des Unternehmens Axiom. 2006.

51 Zitiert nach Telepolis, http://www.heise.de/tp/r4/artikel/2/2539/1.html

52 Alexander Roßnagel, Andreas Pfitzmann und Hansjürgen Garstka: Modernisierung des Datenschutzrechts. Gutachten im Auftrag des Bundesministeriums des Innern, 2001.

53 Vgl. Anmerkung 52.

54 Vgl. Anmerkung 6.

55 Vgl. Anmerkung 7.

56 Entscheidung der Europäischen Kommission vom 26. Juli 2000 über die Angemessenheit des von den Grundsätzen des »sicheren Hafens« und der diesbezüglichen – häufig gestellten Fragen – (FAQ) gewährleisteten Schutzes, vorgelegt vom Handelsministerium der USA, 2000/520/EG.

57 27. Internationale Datenschutzkonferenz in Montreux: »Ein universelles Recht auf den Schutz personenbezogener Daten und der Privatsphäre unter Beachtung der Vielfalt in einer globalisierten Welt«, vgl. www.bfdi.de.

Register